想像的邊疆

——論李商隱詩中的否定詞

林美清著

文史哲學術叢刊
文史哲出版社印行

國家圖書館出版品預行編目資料

想像的邊疆 ： 論李商隱詩中的否定詞 / 林美清
著. -- 初版. -- 臺北市 ： 文史哲, 民 86
面 ； 公分. --（文史哲學術叢刊 ； 12）
參考書目 ：面
ISBN 957-549-071-1 (平裝)

1. (唐) 李商隱 - 作品集 -評論

851.4418 86004425

文史哲學術叢刊 ⑫

想像的邊疆
——論李商隱詩中的否定詞

著 者：林 美 清
出 版 者：文 史 哲 出 版 社
登記證字號：行政院新聞局局版臺業字五三三七號
發 行 人：彭 正 雄
發 行 所：文 史 哲 出 版 社
印 刷 者：文 史 哲 出 版 社
臺北市羅斯福路一段七十二巷四號
郵撥〇五一二八八一二 彭正雄帳戶
電話：（〇二）三五一一〇二八

實價新臺幣二八〇元

中 華 民 國 八 十 六 年 四 月 初 版

ISBN 957-547-071-1

序 言

文學的研究工作可以經由各種不同的角度切入，但一般來說，由作者、作品或讀者等角度切入是最常見的。不同的取徑，研究的旨趣也各自有別，每一種角度都有其局限性，多元全面的觀照固然是理想的狀況，但是在進行研究時，角度的選擇總是不可避免。

從文學出發，以作品爲切入的角度，尋繹出詩歌創作的普遍性原則，建構屬於中國本土的詩學理論，是個人苦思力學的心願和計畫。以李商隱詩作爲研究範例，也許只踏出了一小步，但漫長的研究道路絕非一蹴可幾，期待這一步是點滴積聚的開始。

大量使用否定詞是李商隱作品的特色之一。像「不」字這樣常見的否定詞，在九百卷（三百三十多萬字）的《全唐詩》中，有驚人的出現頻率。（深圳大學與北京社科院的統計略有出入，前者爲 28857 次，後者爲 31206 次，不過在五千八百多個字種的字頻順序上都是第一。）依照《全唐詩索引》的統計顯示，李商隱詩的用字頻率也是以否定詞「不」字居首，其它否定詞的使用頻率與《全唐詩》的字頻順序也相當一致。然而李商隱詩的撲朔迷離是衆所周知，箋釋研究李商隱詩之衆，較之杜詩亦不遑多讓。結合否定詞與李商隱詩的研究，稍不留神，很容易陷入語言學和箋釋學的兩難迷思中。詩人對於否定詞的使用，並不局限於「不」、「無」等否定詞，因為意義的對立而產生否定義的語詞更為繁複。當然在李商隱詩篇中，由於否定詞的適當介入，使想像隨時以不確定的運動方向，串聯不同層級的媒介，天地萬物、情志玄思形成多媒體複構，但同時又凌駕諸媒體的想像建築。想像力不斷飛躍，想像的邊疆無限開展，而否定詞正是開啓想像的契機。

「想像」一詞在本書中有兩重涵意。它作為詩的活動是「想像」，作為詩的產物是「形象」。想像的活動是自主地組織印象，形象則是指與某既存之物具同一辨識特徵之物，此兩者皆與一觀察者相關。有關「想像」與「形象」，在緒論中先略作闡述，不過這抽象的定義恐怕必須放入全書的主題脈絡中才會更明確。至於討論「想像的邊疆」並非預設想像的極限，反而預示了想像的無遠弗屆。「邊疆」並非生存的斷限，而是生命擴展的基線。因為有了邊疆，我們才確認了擴展的方所。

碩士班畢業即投入教學工作，倏忽十載已過。十數年間，勤懇教學，黽勉任事，不敢告勞。雖屢獲優良教師表揚及嘉勉，然則深知教學務求相長相成，故於深思敏求亦未敢忽怠。積多年之學思省察，略有所得，猶未敢自是。從來念念中國文學之豐饒多姿，亟思以詩歌為媒，尋繹語文、歷史及哲學思想上之淵源，再由其間之互動，匯為文學理論或進一步匯成文化理論之建構，如此或者於張皇幽眇，維繫斯文，庶幾可略盡棉薄。是以不戚於晚進，猶望負笈求教於良師益友。民國八十一年，承蒙傅佩榮先生俯允，得至臺大哲研所旁聽傅先生之「儒家哲學專題」，對於學術研究的思辨和方法上，幸得傅先生啓迪甚多。此後對於理論探索之志趣與信心愈堅，且陸續發表習作〈論莊子內篇之「言」〉、〈情感與形式〉(書評)、〈精誠不散，那論生死〉、〈永恒的鄉愁—由莊子的〈逍遙遊〉試解李商隱〈錦瑟〉的惘然追憶〉、〈天的墮落與道的開顯——論莊子內篇的天與道〉等數篇於《哲學雜誌》與《哲學與文化》，非以耀明於人，實望前輩博雅，有以教我。

然而民國八十二年報考母校博士班，未能見取，使我相當沮喪。幾經省思，更憧憬閎深容與的學習新境。第二年鼓起餘勇帶著惶惑孤注的心情，報考政大中文所，幸蒙諸位師長的錯愛，不囿門戶，破格錄取，讓我得以在從容溫馨的環境中學習。

回到校園重溫學生之夢，對年近不惑、忝列教職十多年的我，是莫大的恩賜。學習和研究是永無止境的，如果這一本書能算是這幾年來的寸進，要衷心感謝師長們的教誨、勉勵和提攜。感謝黃師啓方賜擬「羅薦香帷寄幽思，殘花淚蠟說榮枯。髮白身老莫回首，惆悵人間形影孤。」諸句以爲第二章各節標題，並提供寶貴的修正意見。大二時，黃老師爲我們講授「唐宋文選」同時是我的班導師。時隔多年，有幸再度親炙，選修老師的「唐宋文學專題研究」，場景不是臺大文學院而是政大的百年樓，淡去時空意識，逸離現實，依舊是深烙記憶中熟悉的畫面，如夢還眞。更感謝羅師宗濤，無論在學業或待人接物方面都耐心地指導我。這本書從開始構思、計畫到寫作過程中，羅老師殷殷垂詢、隨機點撥，並爲本書題端，榮寵之餘，當彌自惕勵，以不負吾師之望。同時也要感謝文史哲出版社彭正雄先生慨然應允，使本書得以順利付梓。書中疵謬不足處，闇於自見，還望博雅君子，不吝指正。

想像的邊疆
——論李商隱詩中的否定詞

目　次

第一章 緒　　論

甲戌之秋，我選修　宗濤師的「詩學專題研究」。課堂上，幸蒙老師的啓發有關唐詩的字頻問題及如何善用電腦展開研究的新徑。出人意表且有趣的是，運用電腦軟體統計《全唐詩》的字頻，排名第一的竟不是風、花、雪、月，而是常見的否定詞「不」。我對唐詩否定詞的研究興趣，從此發軔。

否定詞是整個研究的起點，但是隨著研究版圖的擴大和研究的深入，本來富有語言學色彩的否定詞融入整個詩學體系以後，就已不再是研究的核心，而只是跨越想像界閾的跳板。

關於否定詞，語言學者作過專題性探討，例如湯廷池先生認爲：「漢語文言詞彙的否定詞相當豐富，大致可以分爲三類：(1)相當於北平話「沒有」的否定詞，如罔、未、微、靡、亡、無、毋、莫、等。(2)是相當於現代北平話「不是」的否定詞，如匪、非。(3)是其他否定詞，如弗、不、無、莫、勿、毋、休、亡、否、未、盍、蓋等。」[1]此外，石毓智先生對否定詞也作了全面的研究，認爲「漢語中最典型的否定方法是用否定標誌語『不』或『沒』進行否定。……否定標誌語除『不』和『沒』外，還有在祈使句中表示否定的『別』、

『甭』等，以及古漢語殘留的書面色彩較濃的否定詞『無』、『莫』、『勿』、『未』、『休』、『毋』等，其中『別』、『甭』、『莫』、『勿』、『休』、『毋』的用法相當於短語『不要』，『無』和『未』的用法與『沒』相同，所以弄清了『不』和『沒』的用法，其他否定詞的用法就可迎刃而解，它們只有文體上或地域上的差異。」[2]

當然在文言文中，作爲否定的字詞甚多。在唐詩中常見的除了「不」以外，還有「無」、「莫」、「未」、「非」、「休」等。從結構上的否定來看，口語中的「不」和「沒」，在詩歌裡主要呈現爲「不」和「無」,「不」字在《全唐詩》的字種出現頻率中排名第一，「無」字排名第七(深圳版17036次、社科院版18513次)【另「未」字排名57，計7436次】。

「不」字在全唐詩字頻中排名第一（深圳版28,857次，社科院版31,206次），比率約爲百分之零點九（深圳版0.87135%、社科院版0.94228%）。而李商隱詩的字頻，若據《全唐詩索引》統計，「不」字亦佔第一位(387次)，約百分之一（1.01735%）左右。李商隱詩使用「不」之頻率爲全唐詩之1.07倍，也就是「不」字在李商隱詩中高出全唐詩中「不」字的平均值。如果我們比較風格相近或作品卷數相近之詩人如李賀、杜牧，李商隱詩中的否定標誌語「不」、「無」、「未」等字出現的頻率，仍然高於李賀及杜牧：(表中百分比數爲該字頻率）

	李商隱（三卷）	李賀（五卷）	杜牧（四卷）
不	387次/1.01735%	157次/0.74210%	244次/0.61119%
無	233次/0.61262%	90次/0.42541%	162次/0.50260%
未	123次/0.32340%	30次/0.14080%	63次/0.19545%
莫	74次/0.19456%	36次/0.17016%	36次/0.11169%

從這些數值來看，如果我們想考察全唐詩中否定詞「不」的相關問題，李商隱詩應該具有典範性。當然，量的多寡不足以顯示否定詞在李商隱詩歌中的意義。我們要探索的是：「否定詞」在詩歌的內涵及創作藝術中產生什麼樣的作用。語言學者從結構上分析否定的手段涵義和條件等問題，「意義上的否定變幻莫測」卻被排出討論範圍之外。[3]本文的重點正試圖在變幻莫測的否定意義上，尋繹「否定詞」在詩歌藝術中的作用。基本上，整個研究的方向仍是以文學爲依歸。我們由我們的言詮而得到我們的存在，語言是存有的居所。言詮表述了我們生命的意識，同時也貞定了我們的生命。固然，文學是「語言的藝術」，語言是它的本質，然而「想像是經營文學作品的特色」。[4]詩歌藝術的意義即在於，超度我們由符號機制牢籠著與桎梏著的生命。

對於名言符號，《老子》以「道可道，非常道；名可名，非常名。」開啓「正言若反」的否定之道，《莊子·齊物論》曰：

「夫道未始有封，言未始有常。爲是而有畛也。請言其畛：有左有右，有倫有義，有分有辯，有競有爭。此之謂八德。六合之外，聖人存而不論，六合之內，聖人論而不議。春秋經世先王之志，聖人議而不辯。」

一切名言符號形構的分辯畛域，是我們生命的疆界，也是我們生命的封限。我們必須確認語言詮表所封限的人生，同時又必須逐層捨離這舒適的寓所，以釋放生命，復歸逍遙，此即藝術之理念，亦爲詩學之職命。

除了老莊，禪宗及其經典《金剛經》對唐宋以後之文化思想也有一定的影響。《金剛經》的核心題旨就是「云何應住？云何降伏其心？」第一問關乎生存的根基，第二問則反思這能追求生存根基的人心。所以《金剛經》一開始就點出正題：如何安頓那心猿意馬的想像力，以求貞定生命的意義。經曰：「應無所住而生其心。」這是對能思之心的否定。

心之所住即生之所住，因爲人的生命是具有意志，因而背負意義的。若問生命的寓意所在，佛說沒有寓所，這豈非十分詭異？但是《金剛經》對此自有不同凡想的超越，所謂：「發三藐三菩提心者，於法不說斷滅相。」斷滅相何所從來呢？「如來不以具足相，故得阿耨多羅三藐三菩提。」也就是說如來不住於相，而得無上正等正覺。所謂不住於相，是說不執著於形象所框限的對生命眞相的想像。

所以佛說：「若以色見我，以音聲求我，是人行邪道，不能見如來。」如來是識得生命實相，開顯生命眞諦者的代稱。生命實相的開顯不免借助各種感官媒介，但如來絕不住於此等感官媒介的形象複構之中，所以經中又啓用了否定詞，作爲開示的跳板。

「如來說具足色身，即非具足色身，是名具足色身。」如來不是不說具足色身(不但說色身，甚至具足色身而說之)，而是不把它當實相而住守之。具足色身只是具足色身的名相而已。如是的句法屢見於《金剛經》，皆可作如是觀。借否定詞之妙用，點破名相的虛妄，展示了具足色身的媒介地位，此乃《金剛經》之勝義。如是方可證成無上正等正覺，方悟所謂「如來」也只是假名而已，「何以故？如來者，無所從來，亦無所去，故『名』如來。」

《金剛經》可以說在生存的根基，以及生命的詮釋上，都借助了否定詞，以解脫生存境閾的局限，將生命超度進於一無端涯的想像之涅槃。由於否定詞的催動，使我們的想像力展向無邊無涯的自在境地，即連上述憧憬的「實相」亦是非相，也因否定的動能而解脫種種色相的引誘，降伏其心，心無所住亦無所拘矣。

《莊子·人間世》曰：「若一志，無聽之以耳，而聽之以心。無聽之以心，而聽之以氣。聽止於耳，心止於符。氣也者，虛而待物者也。唯道集虛，虛者心齋也。」中國詩學的核心理念「氣」，不是物質義的空氣，不是形上義的實體，而是生命／藝術的自身[5](an-sich，in-itself)。《莊子·逍遙遊》以「至人無己，神人無功，聖人無名」作爲存在境界的判準，詩歌藝術的判準亦即存在境界的判準，「無己」「無功」「無名」的否定詞即標示著想像的邊疆，並預言生命因越界出位而解放。

第一節　想像與形象

「想像」一詞在本文中有兩重涵意。它作爲詩的活動是「想像」，作爲詩的產物是「形象」。想像的活動是自主地組織印象，形象則是指與某既存之物具同一辨識特徵之物，此兩者皆與一觀察者相關。上述相當抽象的定義必須放入本文的主題脈絡中，才能產生更明確的意義。

討論「想像的邊疆」並非預設想像的極限，反而預示了想像的無遠弗屆。「邊疆」並非生存的斷限，而是生命擴展的基線。[6]因爲有了邊疆，我們才確認了擴展的方所。想像的邊疆就是想像力向外向上發展的基地，因此我們的論述預設了想像的層級。以想像的邊疆啓發我們對於詩的想像，其實是爲了遷就人類想像力的惰性。我們的想像順著文字排列的方向移動，思維易於呈現線性推衍。「邊疆」彷彿暗示我們一張由中心向外推衍的平面地圖，最終圈限在一條可見的曲線之內。這曲線所割裂的想像平面正是我們企圖超越的局限，想像飛昇的起點即此邊疆，否定詞則爲想像解放的契機。

「否定詞」的作用即在於標示想像的邊疆，提供我們運用想像的基礎座標，以確保情感的共鳴。[7]想像根於既存之物，所以否定詞首要的意義與存有之物相關，亦即是存有的否定：「空無」。其衍生意義方及於價值的判斷，亦即是非之辯。

想像與形象／存有息息相關，但本文不試圖襲取西方哲學以建構詮釋李商隱詩的理論，所以首先要藉中國固有的理論以及李義山所知的經典，釐劃想像的邊疆實際的內涵。形象既然與生存之物有關，我們將從生命與形象符號的關係談起。

第二節　生命與形象

生命的實在與形象的虛擬，彷彿對立的兩造。但是生命的實在卻慣常以虛擬的形象來詮表，虛擬的形象已是生命實在的否定，因此反歸生命本眞的契機或許即在於否定之否定也。[8]關於生命存立的根基，孟子曰：「莫之爲而爲者，天也。莫之致而至者，命也。」(萬章上)以天命作爲生存的根基，此乃中國思想的傳統。天命來自超越個人意志的權力，它不是某人的作爲，也不服從某人預設的目的，反而決定著個人的行爲與意志。在《孟子》的思想脈絡裡，人與天相對，其意義即在於「有爲」。

以「莫之爲而爲」「莫之致而至」作判準，區分天命與人性，可以藉以標示各家關於生命與形象的觀點。如孟子主張「萬物皆備於我，反身而誠，樂莫大焉。強恕而行，求仁莫近焉。」（盡心上）君子所性，仁義禮智根於心，其生色也睟然，見於面，盎於背，施於四體，四體不言而喻。」（盡心上）生命的意義與身體形象息息相關呢？或如孔子相信，名不正言不順則民無所措手足，要藉名言安頓人的身體呢？

其實卻如荀子所云：「名無固宜，約之以命，約定俗成，謂之宜，異於約則謂之不宜。名無固實，約之以命實，約定俗成，謂之實名。名有固善，徑易而不拂，謂之善名。」（正名）將符號的眞理實相歸於約定俗成？

又或者如《易傳》所云：「古者包犧氏之王天下也，仰則觀象於天，俯則觀法於地，觀鳥獸之文，與地之宜。近取諸身，遠取諸物。於是始作八卦，以通神明之德，以類萬物之情。」（《周易·繫辭上》）主張形象確爲生命的實情，生命與形象結實對應。

又或者如《老子》以爲：「天地不仁，以萬物爲芻狗。聖人不仁，以百姓爲芻狗。」（章五）視天地萬物與人生當下之存在，若祭祀所用之芻狗，既無眞實生命，更無永恆價值。而《莊子》曰：「與造物者爲人，而遊乎天地之一氣。彼以生爲附贅懸疣，以死爲決疣潰癰。夫若然者，又惡知死生先後之所在。假於異物，託於同體，忘其肝膽，遺其耳目。反覆終始，不知端倪。」（大宗師）更將生命的境界引導至超越萬物人生形象的糾結羅網之上。

又或者如《金剛經》所言：「若以色見我，以音聲求我，是人行邪道，不能見如來。」又曰「如來說諸相具足，即非具足，是名諸相具足」透露出生命眞理實相與繁華形象之間似有還無的微妙。

中國古代詩人於生命有所體悟，多不出以上各家思想範疇。本文於序論首先拈出各家對於表達生命意境的名言符號所採取的立場。在生命與生存的形象之間，論究關係的虛實有無，標示各家思想爲詩人與詩學提供的理論基礎，進而確認李商隱華麗詩篇內涵的生命情意，爲後世詩評界劃品味的座標。

一

根據孟子所言，天命既是衆生的根基[9]，人與萬物的關係又如何？「萬物皆備於我，反身而誠，樂莫大焉。強恕而行，求仁莫近焉。」（盡心上）孟子對「物」的觀點展現親疏遠近的關係層析：「君子之於物也，愛之而弗仁。於民也，仁之而弗親。親親而仁民，仁民而愛物。」（盡心上）最大的悅樂在於能支配萬物之際，反身而誠，內省不疚。人作爲主體，因自身反省的「向善」意志，擇善固執，進而重新界定了「人性」與「天命」：

「廣土衆民，君子欲之，所樂不存焉。中天下而立，定四海之民，君子樂之，所性不存焉。君子所性，雖大行不加焉，雖窮居不損焉，分定故也。君子所性，仁義禮智根於心，其生色也睟然，見於面，盎於背，施於四體，四體不言而喻。」（盡心上）

孟子在創作符號時，展現了人的自主性。孟子在界定「性」、「命」時，絕不是一板一眼循著客觀物象物理去命名，並以之判斷吉凶禍福。孟子以超越「莫之爲而爲，莫之致而至」的仁義禮智，詮釋人之「性」，顯示人以「辭」說「物」[10]時，人類意志的主導權力。而身體形象則是我們思考天命與人性分際的原點。這份人自主的自信使符號失去了客觀獨立性。

如同孔子重視「載行衆生」的使命，以故強調「正名」的價値：

「名不正則言不順，言不順則事不成，事不成則禮樂不興，禮樂不興則刑罰不中，刑罰不中則民無所錯手足。故君子名之必可言也，言之必可行也。」（論語·子路）

名言是載行群生的重大節目，孔子十分認眞看待它。命名的正，關乎人代行天職的成效。一旦名正言順則人生才得到安頓，人間的行止方有所依歸。所以正名是聖賢啓示人民生生之道。[11]

《荀子·正名》對於這一點有深入說明：「故知者爲之分別制名以指實，上以明貴賤，下以別同異。貴賤明，同異別，如是則志無不喻之患，而事無困廢之禍，此所爲有名也。」（正名）

名者實有所指，而且具有實用的效能。正名的效益在於明貴賤與別同異，其社會意義十分重大。因爲此種社會功能，所以令民得以錯手足，安身立命。

「然則何緣而以同異？曰：緣天官」「名無固宜，約之以命，約定俗成，謂之宜，異於約則謂之不宜。名無固實，約之以命實，約定俗成，謂之實名。名有固善，徑易而不拂，謂之善名。」（正名）

《荀子》如同孔子，極爲重視正名的效能，我們必須確認名之所由來。《荀子》以社會契約回答了這個問題，名之實乃約定俗成。儒門一向主張人掌握命名的權力，亦即人有充分創制符號，營構形象的想像的權力。如此說明了語言符號的人爲性質與社會契約性質，同時以其爲虛擬(名無固實)而彰顯它與生命實在的背離。

二

《周易》經傳的想法就不一樣了。卦爻象數的形構基礎乃從陰陽之象發端：「觀變於陰陽而立卦，發揮於剛柔而生爻。」《周易・說卦》由甲骨金文的字形觀之，顯示陰陽造字的形構與光影的明暗有關。陰陽指陽光下地形的迎光或背光[12]。據日影以定其南北方向，又登高觀望形勢，視其陰陽向背，以爲營居之宜。由光影的向背視察合宜的地形，以決定居住與墾殖之地。陰作爲動詞，也是從遮住陽光造成的陰影而來。陰陽從天光照射大地之上，因山水地形之向背來定義。根據上述引證，《易傳》所云，觀象取法天文地理，顯然符合作易的原則：

「古者包犧氏之王天下也，仰則觀象於天，俯則觀法於地，觀鳥獸之文，與地之宜。近取諸身，遠取諸物。於是始作八卦，以通神明之德，以類萬物之情。」

「在天成象，在地成形，變化見矣。」(《周易・繫辭上》)變化是光影在地上陰陽明暗的推移。象形的基本原理與造型藝術一樣，依賴光影明暗對比。光於是成爲生命的認知來源。[13]

陰陽與乾坤的比類象物關係，也是建立在光影的進退變化之上。或許陰陽變化之象就是「易」的本義，易既非蜥蜴的象形，也不必是「上日下月」的象形[14]。根據甲骨文金文各種「易」之字形，殷商與西周時的「易」，都有容器盛物之象。甚至還有兩容器並列，內容物相傾之象[15]。其他尙有日出地上，光線耀動的形象[16]。符號製作的根本在於外在既存之物在日光照映下的明暗，所以形象的製作繫於光線，而與視覺相應。

表象的言詮可以區分爲以形象爲模本，以及以音樂爲根本的言說方式。[17]《易傳》顯然側重光照下視覺形象的象形原理。「詩中有畫，畫中有詩」可以說是這種理念的實現。光影既然只是實在之物的反影，所以並非此當下之物，下文將論述對於這種造型藝術的超度，以更貼近生命的詮表。

《易傳》雖然根據視覺想像建立符號系統，並未因此確保符號的獨立自主，因爲客觀化的形象符號的價值依附於更高的「大生」「廣生」的理想。就這一點而言，孔孟荀的正名理想與《易傳》的象形系統有共通之處。它們都預設了一個更根本的目的，因此也相信符號具有的權力，執著於符號的客觀價值。但是孔孟荀對於生命表象的命名與詮釋，歸諸生命意志的自主，天命與人性的分際與中介，端賴人對自我生命意義的貞定，所謂「自貽哲命」。《易傳》則將人生趨吉避凶的生命動向，依乎超越的天命，由仰觀天文，俯察地理之中，貞定生活的方向與價值判準。對於《易傳》而言，生命的趨嚮密切依循著比類象物的符號世界，天人之間的象形媒介，絕非虛文而已。然而在中國古代的思想系統中，還有一脈相異的形象思維，它們以否定詞表達了對於符號客觀實在性的超度，因而開啓了無垠的想像世界。

三

《老子》揭露萬物生存的根源：「道生一，一生二，二生三，三生萬物。萬物負陰而抱陽，沖氣以爲和。」（章四十二）因此形象存在的根源應該是道。但是道爲何物？

《老子》雖然創造了新的萬有根基，但是其「符號的虛無主義」[18]，爲我們別開生面：「天下萬物生於有，有生於無。」（章四）歸本於「無」，或歸宿於「道」，因爲：「道，可道，非常道。名，可名，非常名。無，名天地之始。有，名萬物之母。」（章一）「有」與「無」作爲詮釋天地之始、萬物之母的名號，其實乃：「同出而異名，同謂之玄。玄之又玄，衆妙之門。」（章一）「天地不仁，以萬物爲芻狗。聖人不仁，以百姓爲芻狗。」（章五）「芻狗」是結芻以爲狗之象形，用以祭祀奉禮。芻狗並無實存的價値，作爲象徵物最後被銷燬。祭祀雖然好像是符號存在的根基，但是奉禮實在是由符號組織起來的想像形構，超越感覺所確認的具體實在性。

天地萬物根源的實際，只是遮蔽在「有」「無」名號之下的預設。名號若是符應存有之物，《老子》說「天下萬物生於有，有生於無。」根本瓦解了符號實有的基礎。而將天地萬物之生存根源命之曰「有」「無」，然後說「此兩者同出而異名」，又是一層解脫，證成了「符號的虛無主義」，於是開展出「正言若反」（章七十八）的「否定之道」。

《莊子》內篇對符號的虛無主義的詮表根於「天地與我並生，而萬物與我爲一。」（齊物論）天地不是我生存的根源，萬物與我的生存會通爲一，所以《莊子》把天地萬有生存之基，歸於更根本的道：「夫道，有情有信，無爲無形，可傳而不可受，可得而不可見，自本自根，未有天地，自古以固存。」（大宗師）

歸本於道就是歸本於無，將既存之物歸本於無，所以形象也是從無形而有形「夫道未始有封，言未始有常。爲是而有畛也。」「六合之外，聖人存而不論。六合之內，聖人論而不議。春秋經世先王之志，聖人議而不辯。」如此解說道與言的畛域，符號所不能指稱的虛無，於是歸結出：「大道不稱，大辯不言。」（齊物論）

《莊子》深明於人類認知的際限，知道人類認知與詮表的歷程深倚於「身體形象」，所以從「立象」之地開始顛覆我們的想像，瓦解我們製作形象的根據地。從鯤鵬的形象之變開始，《莊子》內篇爲我們展現了超度視覺想像，瓦解命名權威的論述，歸根於「至人無己，神人無功，聖人無名」（逍遙遊）

「至人神矣……死生無變於己，而況利害之端乎。」（齊物論）生死的變化是人類身體形象的極限，死生無變於己，是主張形象非實有的發端，如此才能夠開脫人類對符號的執實：「與造物者爲人，而遊乎天地之一氣。彼以生爲附贅懸疣，以死爲決疣潰癰。夫若然者，又惡知死生先後之所在。假於異物，託於同體，忘其肝膽，遺其耳目。反覆終始，不知端倪。」(大宗師)反覆無端瓦解了我們對於尋求生存根源的執著，這種解脫則從形象的變化無端開始。

天地萬物生存的根基，以及個人生命的想像，經過「心齋」：「無聽之以耳而聽之以心，無聽之以心而聽之以氣。聽止於耳，心止於符。氣也者，虛而待物者也。唯道集虛，虛者，心齋也。」(人間世)以及「坐忘」的工夫：「墮肢體，絀聰明，離形去知，同於大通。」(大宗師)，《莊子》由顚覆身體的想像，瓦解對生命的執著，說明了名言符號的虛無性格。

既可以「天地一指，萬物一馬。」，又申論「道行之而成，物謂之而然。」名言符號原本用以啓發想像，但是身體形象解放後《莊子》卻說:「道昭而不道，言辯而不及」(齊物論)這是因爲它要我們知道符號的虛無性：「知止其所不知，至矣。」(齊物論)而能知「不言之辯，不道之道，此之謂天府。」所謂天府：「注焉而不滿，酌焉而不竭，而不知其所由來」(齊物論)，解消我們對名言實指存有的執著，同時達到啓發我們想像的更高目的。

根據上文的簡述，我們可以發現作爲中國藝術精神的老莊哲學，[19]善於使用否定詞開發我們的想像，進而啓迪人生的逍遙之境。這就是本文最初的緣起，企圖一窺中國詩人創作的動力與技藝。生存根源的虛無，以及詮表萬物存在之象形符號的空虛不實，藉否定詞的介入而突破了形象的藩籬，開拓了想像的邊疆。

四

關於李商隱的詩意，也有部份學者主張其與佛學的關係密切。「一切諸佛，及諸佛阿耨多羅三藐三菩提法，皆從此經(《金剛經》)出。」以故應略述極具代表性的《金剛經》要義。

《金剛經》首要的問題是「善男子善女人發阿耨多羅三藐三菩提心，云何應住？云何降伏其心？」與莊子相較，此云何住，彼云何遊，境界已分異矣。發「無上正等正覺」之心，證成一覺者（佛陀），又不同莊子心齋坐忘之善忘矣。

《金剛經》自始即以否定詞介入，啓導思想與生命的超脫。所以首先以「不住於相」回應「云何應住」之問。因爲「凡所有相，皆是虛妄。若見諸相非相，即見如來。」

所謂諸相非相，即心不取於相，不貪著形象而執實之。「無復我相、人相、衆生相、壽者相，無法相，亦無非法相。」剝落自我、他人、衆生的實存之想像，乃至剝落生命綿延之想像，剝落形上實體之想像，甚至剝落有無形上實體之想像，即見諸相非相。

但是《金剛經》絕非墮入頑空，偏執於否定。所謂「不壞假名以說諸法實相」，生命的眞諦還是要透過形象的媒介以彰顯。所以成就了《金剛經》極特殊的論述方法：

「佛說般若波羅蜜，即非般若波羅蜜，是名般若波羅蜜。」

「諸微塵，如來說非微塵，是名微塵。」

「如來說世界，非世界，是名世界。」

「如來說三十二相，即是非相，是名三十二相。」

「是實相者，即是非相，是故如來說名實相。」

「如來說諸心，非心，是名爲心。」

「如來說具足色身，即非具足色身，是名具足色身。」

「如來說諸相具足，即非具足，是名諸相具足。」

上述臚列之論述，呈現一共通模式，即呼應上句不壞假名以說諸法實相義。隨說諸相，隨掃之。隨說隨掃，皆因其爲言者所命而得之名也。

以《金剛經》運用否定詞，達成層層剝落名相之執的歷程觀之，實可比之於莊子「墮肢體，黜聰明，離形去知，同於大通」之「心齋坐忘」也。但是《金剛經》由「無上正等正覺」發其心，探問「云何應住？」此又絕異於莊子以「逍遙遊」發其端，以物化無端之「善忘」縱浪大化而遊。一住一遊，一覺一忘，開示交相輝映之人生情味，並假後人品評況味之資矣。

第三節 想像的階梯

「想像的階梯」也易於隨著想像的惰性而曲解，此處的階梯應該如米開蘭基羅(Michelangelo)在西斯汀教堂(Sistine Chapel）穹窿間幻構的聖蹟一樣，翺翔於地心引力的想像之外，是多媒體[20]複構的想像階梯。經由各個層次媒介的否定，我們的想像得以逐步拓展它的疆域。所憑藉之媒介不同，透過否定詞所拓展的想像邊疆亦有差異。人類以符號比類象物，標示事物的存有。否定詞的介入動搖了符號所標示的萬物形象的界線，同時解放了生存的局限。

根據《易傳》所代表符號實有主義，形象同一於既有之物，發端於視覺可見之物，所以本文根據李商隱的詩，試圖首先近取諸貼身之物，再設想目光之漸觀漸遠，而分詩人創作的媒介物由一室之什物 ，擴及門窗壁檻，再及於庭園樓閣，再及於街市衢道，再及於城池樓臺，再及於城郊川野，再及於山林巖壑，再及於江湖天地日月。此即爲想像逐步擴展之邊疆也。然而若無否定詞的介入，詩人將止於直接靜態的描述，無法啓發文字之外的想像。因爲否定詞的介入，我們可以想像詩人的自省，詩人的愛情與親情，詩人的相思與鄉愁，詩人的史觀與玄想。

「錦幃」「繡被」「雕玉佩」「鬱金裙」「蠟燭」「香爐」皆是家居所見所用之物。義山詩意即由此等什物爲簡單的想像單元，組織結絡而成。所引諸物指示的形象組成形象的拼盤，猶如鑲嵌的自畫像。

以身體形象借予無生命之外物，進而將人之深情寄寓其中，可以闡釋詩人如何假身體形象表意之形構。以身體形象的動作與變化爲表意的媒介，極易因取得共通的自我認知對象而產生感動。

李商隱藉外物寄寓個人情志，由一室之中的什物，至於門窗所透入的光影，皆成就他心靈的素描。無論所居何地，在彼等詩篇中，義山宛如一獨立的雕像，矗立鏡室之中，自我的形象一一寓於四壁。如今詩人將走出自戀的鏡室，走入小小的庭院，展望更高曠的視域。

詩人的視域在否定詞的層層催逼之下，走出孑然一身，走出居室，更走出了小小的庭園，來到京都的通衢，甚至走出帝都。流放江湖之後，仍然忍不住登上郡縣城樓，頻望京極。

至於以山水爲媒，悠遊江湖之上，不僅是遁世的生命情調，其實更是一種生命的曠達。而以放逐於天地的疏離，悠遊於日月之上的逍遙，在詩人的作品中多以神話或哲學寓言的形式呈現，尤其以道家的玄思爲詩情的媒介。

李商隱詩作中的媒介，除了單一的外物、身體、居室、庭園、街市、城樓、郊野川原、江湖天地日月這些景物之外，更重要的表意媒介是人的情志、人際的感通、人倫的和諧、歷史的通觀、神仙道化之說。景物與人情的媒介複構在義山詩中，屢見不鮮。

發生在景物之間的事件，有詩人喻志詠懷，有詩人的戀愛，有人倫之中情志的通隔。特別值得注意的是歷史事件，以及虛構的歷史事件。

李商隱詩作工於典故，所以歷史事蹟經常成爲他創作的媒介，展現史識通觀。歷史事蹟一旦發生，便已是一種否定。因爲我們對它的記憶與指稱，都不再是當下的事實，所以所有對既往事實的回憶與描述，都是當下事實的否定。

建築在歷史景物之間的神話，襲取歷史的外衣，敘述超越特定時空的神仙故事，卻又依附在歷史的情境裡，此即所謂虛構的歷史。歷史的虛構與虛構的歷史，皆因某種層次的否定而作為表意的媒介。

將生命的反省與憧憬，寄寓家室庭園的起居中。又或者將離別與相思，鋪陳於郊野川原的布景之中。又或者在街市城樓之間，吟哦縱觀歷史興亡的慨歎。而由外物、身體、居室、庭園、街市、城樓、郊野川原、江湖天地日月這些景物佈置的神話舞臺，更見義山運用多媒體表意傳神之妙。詩人組構各種媒介，並未固守線性序列的安排。藉著否定的妙用，想像自在地流轉於各種表意的媒介之間。

上述諸層只是大略，為思想注記而已。義山運用萬物萬象為媒，創作瑰煒富麗之詩篇，其中底蘊並非這本小書所能道盡。本書但求盡量自藝術通觀眞理，而自生命通觀藝術而已。

【註釋】

[1]湯廷池《漢語詞法句法五集》〈文言否定詞的語義內涵與出現分佈〉，(臺北：臺灣學生書局，1994)頁81。

[2]石毓智《肯定和否定的對稱與不對稱》第二章〈否定的手段涵義和條件〉，(臺北：臺灣學生書局，1992)頁30-31。

[3]同上，頁30。

[4]王夢鷗《中國文學理論與實踐》，(臺北：時報文化出版公司，1995)頁25。

[5]此處「／」號意謂「生命與藝術」、「生命如藝術」。

[6]羅宗濤〈六祖慧能的禪學與中華文化〉收於《中華文化復興月刊》

第十二卷，第九期，頁62：「我們的祖先早已認識這一情況，所以他們一說『世界』、一說『宇宙』、都是包括了時間和空間的。然而，在著重分析的哲學家的說法，最初以爲空間的含義是指深（上下）、廣（左右）、袤（前後）三度空間；後來才加上時間，而成深、廣、袤、久四度空間，輓近才又加上心識，變成五度空間。」此處空間應即指謂生存的界域。

[7]《莊子・齊物論》：「六合之外，聖人存而不論。六合之內，聖人論而不議。春秋經世先王之志，聖人議而不辯。故分也者，有不分也。辯也者，有不辯也。」否定詞的運用與語言記號作用的限制相關，請參閱：羅宗濤，上引文，頁64。

[8]羅宗濤，上引文：「自性超越一切現象界，語言自然是無可表述，因爲語言只是一種記號而已。」「語言是團體制定的契約，也是社會風俗的一組，其本身只是一種記號，記號是人爲的，也是後天習成的；而且連記號所能引起的那點作用也全是人爲的、習成的。」頁64。「那麼要如何才能見性呢？首先就是來個徹底的否定。」「也就是說：要從迷到悟，才必須以否定爲手段。」頁66。

[9]傅佩榮《儒道天論發微》(臺北：臺灣學生書局，1988)頁132：「……『天』曾是孔子使命感之終極來源與最後基石，現在進一步成爲孟子的憑藉，由之肯定『仁』爲人性普遍所具。」

[10]李霖生《辭與物：「易傳」釋物的秩序》（臺大哲學研究所博士論文)頁155註腳：「此處的物，指《易傳》所謂之物，而非本文未曾明確界定的，孟子所謂的物。」

[11]傅佩榮《儒道天論發微》（同上）頁109–112。

[12]烏溥恩，《周易：古代中國的世界圖式》（同上）頁12–13。

[13]Nietzsche, *Werke Bd.1*. § 1.

[14]南懷謹與徐芹庭，《周易今注今譯》(臺北：臺灣商務印書館，1988)頁4-5。

[15]烏恩溥，《周易：古代中國的世界圖式》（同上）頁1-4。

[16]參閱《漢語古文字字形表》(臺北：文史哲出版社，1988)頁374-5。

[17]Nietzsche, *Werke Bd.1* § 6.

[18]李霖生，上引文，頁164-7。

[19]徐復觀《中國藝術精神》（臺北：臺灣學生書局，1976）頁47。

[20]Negroponte, Nicholas *Being Digital*《數位革命》齊若蘭（譯）(臺北：天下文化出版公司，1996一版六刷)多媒體(multimedia)意在使讀者在閱讀時產生「超文本」(hypertext)的延伸想像，獲致高度相互連結的敘述或資訊：「在印刷的書籍中，句子、段落、頁碼、章節的順序不止由作者決定，也由書籍本身的序列結構所決定。儘管你可以任意翻閱一本書，你的視線可以隨心所欲地駐足於書中的任何一部份，但是書籍本身仍然受限於物理的三度空間。」詩人的創作也有同樣的問題，但是啓發想像的媒介並非線性走向的階梯，而是隨著作者與讀者意志，向多維伸展的複構階梯。頁88-9。

第二章　自　　寓

詩人以切身之物起興，所謂切身之物幾乎爲一室之內可見之物。[1]所以這一類詩作多以日常家居所見所用之物爲媒介，寄寓詩人的情志與生命的反思。詩人將自我形象寄寓近身所及或所見知之物，彷彿人的生命能夠透入外物之中，以自身的感觸與認知爲媒介，將外物引度進入人生舞臺之上，首先面對「物與我必有分矣」[2]的存在界閾問題。這也就是學者經常討論的物我合一，情境交融之類的主題。本文不試圖驟然論斷詩篇中的物我關係，而僅著眼於詩人如何藉否定詞，超度物我界閾。

第一節　羅薦香帷寄幽思

家室之中的切身之物應該是李義山詩作最簡單的媒介。例如：

……

水亭暮雨寒猶在，羅薦春香暖不知。

無蝡殷勤收落蕊，有人惆悵臥遙帷。

……

（回中牡丹爲雨所敗）

其中的「羅薦」與「遙帷」都是家室中所薦臥之物。《漢武內傳》曰：「帝以紫羅薦地，燔百合之香，以候雲駕。」又如：

……

玉盤迸淚傷心數，錦瑟驚弦破夢頻。

……

（回中牡丹爲雨所敗，其二）

「玉盤」與「錦瑟」亦爲義山藉以寫意之物，以玉盤迸淚寫珠淚縱橫的影音，以錦瑟驚弦的音響寫魂夢不安的情境。又如：

錦幃初卷衛夫人，繡被猶堆越鄂君。

垂手亂翻雕玉佩，折腰爭舞鬱金裙。

石家蠟燭何曾剪，荀令香爐可待熏。

我是夢中傳彩筆，欲書花片寄朝雲。

（牡丹）

其中「錦幃」「繡被」「雕玉佩」「鬱金裙」「蠟燭」「香爐」皆可是家居所見所用之物。義山詩意即由此等什物爲簡單的想像單元，組織結絡而成。

所引諸物指示的形象組成形象的拼盤，猶如鑲嵌的自畫像。「錦幃」典出於「夫子見南子於錦帷之中。」[3]以美麗的衛夫人比擬牡丹之高華。錦帷襯托南子之華麗氣質，再以南子的高貴華麗比擬牡丹的美豔。「繡被」則據：「鄂君子晳汎舟於新波之中也，……越人擁楫而歌曰：……山有木兮木有枝，心悅君兮君不知。於是越君乃揄修袂，行而擁之，舉繡被而覆之。」（說苑）以美人簇擁著繡被的形象喻牡丹之嬌美。

身著鬱金裙，復懸雕玉佩，垂手折腰，舞姿曼妙絕倫。詩人雖然比擬生動的舞姿，其實在於營造永恒的形象。「雕玉佩」與「鬱金裙」皆可視爲獨立的視覺形象。因此它們最初的涵意都是生活所見所用之物也。

「紅燭」「香爐」雖然背負豐富的歷史涵意，但更是結結實實的外物形象。石崇以其富甲天下，享用豪奢知名。「以蠟燭代薪」，而蠟燭不剪則蠟淚流紅，炫若春花。荀彧有愛香之癖，故到處留香。此二句極言牡丹的華麗與香豔。錦色繁香，非江淹五色彩筆不足以盡其妙。但是若非「紅燭」與「香爐」等物之視覺形象的支撐，上引詩篇的巧思將無由得見。

這首詩並未超度物我的分際，雖然紀昀評之曰：「通首詠物，只結處輕一闗合，全篇便都有深意」，實在是借牡丹的濃豔來爲自己的才華寫照，而所述又皆非直接白描，反藉家室中之什物，類比於牡丹。朱彝尊卻評之曰：「堆而無味，拙而無法，詠物之最下者。」程夢星則直以豔情詩視之曰：「結二句情致宛轉，分明漏洩。若以爲實賦牡丹，不惟第八句花葉二字非詠物渾融之體，且通首堆砌，全不生動。」是皆認爲他以物象爲媒介，寄託情志也，但評價卻高下懸殊。

以家室中諸物爲媒介，最易使人想像黏滯於眼前當下。由上述各家評注，可知關鍵在於末結二句也。「我是夢中傳彩筆，欲書花片寄朝雲。」只因「我」之所是所欲，頓時與前六句六事對立起來。物我對立，卻無通濟之道，我自我，物自物，我所見所思者即當前之物，而物與我必有分也。如果說本首牡丹爲詠物自寓，則其作詩方法實遜於回中牡丹之作。[4]因爲白描之物越細緻，我們的想像越沉淪於所對之物的形象之中。上引詩篇結句掂出我之所欲，使物我相對，執著更深，無所解脫。

鳳尾香羅薄幾重，碧文圓頂夜深縫。
扇裁月魄羞難掩，車走雷聲語未通。
曾是寂寥金燼暗，斷無消息石榴紅。
班騅只繫垂楊岸，何處西南待好風。
（無題）

「香羅」「團扇」「紅燭」又皆爲家室中所見所用之物也。鳳尾羅即鳳紋綾羅，庾信〈賚皀羅袍啓〉：「鳳不去而恆飛，花雖寒而不落。」正演明了義山此詩的涵意。班婕妤〈怨歌行〉詩日：「裁爲合歡扇，團圓似明月。」以月爲扇欲掩面遮羞，所以借用了團扇的形象。紅燭的形象是義山詩中常用的媒介。

……
春蠶到死絲方盡，蠟炬成灰淚始乾。
曉鏡但愁雲鬢改，夜吟應覺月光寒。
……
（無題）

「蠟炬」「曉鏡」是家室中所見所用之物。在義山詩中，可以說觸處可見此等小物。也由這些環繞一室的什物，撐起義山詩中許多意蘊。曉妝夜吟標示生存的延續，而此尚存的生命並非此身眞正的目的，既愁雲鬢改，復覺月光寒，生命因死亡的界定而殘缺，年華老去固使人心焦，詩人所啓發的應是即使此身不在，此恨猶綿綿不絕也。由人日夜所倚所視的家室諸物，人看到自身存在的軌跡。死亡作爲生活的懸念，是一種隱晦的否定詞，同時其中亦寓有一條超度此身生死所範限的人生之道，應是我們相思惜別最後的嚮往。

……

蝙拂簾旌終展轉，鼠翻窗網小驚猜。

背燈獨共餘香語，不覺猶歌起夜來。

（正月崇讓宅）

「簾」「窗」「燈」也是顯示生存軌跡的外物。生命在崇讓宅密鎖重關與廊深閣迴的建築格局陰影裡，孤影則爲這幅圖畫抹上陰鬱的顏色。直接交待了詩人置身的情境，以掩映的綠苔巧妙地爲簡單的建築點染幽怨。而在次句藉徘徊的身影於深密重迴的廊閣宅院中，反映出孤獨的身影。描寫外物的光景，爲自身的存在景況作註腳，但是如果無法引導讀者的想像，離開周圍瑣碎的生存格局，那麼詩篇就變成只是生活什物的流水賬。

外物的存在使蝙拂鼠翻終於脫離靜止的畫面，而進入詩人孤絕的生命歷程。所有響動所激起的猜測，其實都包涵了詩人的期待。然而明知絕望而依然展轉驚猜，反映出一往情深的期待。背燈而坐臥的人影使期待中醒覺的人，自陷於暗夜孤衾的餘香裡。當黑暗否定視覺形象的可信，詩人反而得以專注於記憶深處癡情不毀的餘香[5]。非視覺想像的音樂在此時響起，不覺而歌啓人想見一脈超乎清醒明察的癡情。而想像的起點畢竟是那外物影影綽綽的生命軌跡。可見詩人終將休止靜物的白描，以物象的變動造成對於既存物象的否定，引導想像去掌握象外之意。總之，一室之物的形象，往往是詩人營構詩作的基點，無論是門、窗、牆、欄，皆用以界劃生命的軌跡，構成寄寓生命意義的居所，作爲生命反思的端點。例如：

……

何當共剪西窗燭，卻話巴山夜雨時。

（夜雨寄北）

秋水悠悠浸野扉，夢中來數覺來稀。

……

（訪隱者不遇成二絕）

……

蝙拂簾旌終展轉，鼠翻窗網小驚猜。

……

（正月崇讓宅）

根據上述的例子，我們可以發現義山藉一室之間所見所觸之物，營構詩篇，寄託感懷。然而詩人如果要以外物的形容表述內心的情感，如何能不流於靜物的白描，如何能傳譯一己的情志呢？[6]本節雖然指出詩人藉外物界劃人生存在的軌跡，但是物我仍然對峙著，以自身的存在映照著對方的存在。下文將從物象變動，乃至於物象隱沒，詮釋其對於既存靜態物象的否定。

第二節　殘花淚蠟說榮枯

家室所見所用之什物的存在即所謂「有」，而它們視覺形象的變化或隱退，甚而空無毀滅，即爲對其存有的否定。下引詩中，花殘，蠟乾，皆所以說明其空無毀滅的否定：

相見時難別亦難，東風無力百花殘。

春蠶到死絲方盡，蠟炬成灰淚始乾。

……

（無題）

如果沒有這些否定涵意的詞，詩人將無法傳達其內心的相思癡情。其癡情深情見於春蠶之「死」，蠟炬「成灰」，此皆爲對外物存在的否定 ， 死滅即不再以原來的形象存在也。[7]這是義山最簡單的作法，只要直接否定靜態存在著的外物原有的存在形態即可。義山於此藉著外物生滅成毀的變化，表達情感的不遷。否定詞的作用在於標示某一存有狀態的終結，遂形成一段生存的流程，以及壓縮情感的強度。又如義山詠荷花之詩：

荷葉生時春恨生，荷葉枯時秋恨成。

深知身在情常在，悵望江頭江水聲。

（暮秋獨遊曲江）

荷葉的生滅榮枯比喻此身，只要一息尚存，則深情不絕如縷。曉妝夜吟標示生存的延續，而此尚存的生命並非此身眞正的目的，既愁雲鬢改，復覺月光寒，生命因死亡的界定而殘缺，年華老去固使人心焦，詩人所啓發的應是即使此身不在，此恨猶綿綿不絕也。所以一物的有無存廢，乃藉以界劃生存的端點。如果沒有否定詞的界限作用，詩人將無法表示其生命的反思。以「到死」「成灰」形容對外物之存有狀態的實質否定，主旨在於延續此身的無力與此情之不得已。

所謂外物不限於日用尋常之物，我們是以視覺想像的界域爲討論的對象，而非以實物的效用言。所以上引詩中的荷花，下引詩中的「野扉」「玄蟬」「冬青」皆可因想像的引渡而如在窗框門檻之外咫尺之地也。

秋水悠悠浸野扉，夢中來數覺來稀。

玄蟬去盡葉黃落，一樹冬青人未歸。

（訪隱者不遇成二絕之一）

玄蟬勾起我們想像蟬的存有，去盡則以空無否定其存有。在有無之間，黑色的蟬影於我們視覺想像的網絡上，一沾而逝。[8]卻產生一樁生命的事件，構成一段生命的感傷。在此否定詞施之於外物的存有或空無之上，產生對比外物存在之有限與自我情意之無限的作用，達到抒情的效果。[9]然而既然只是一物藐小的存有，對其存有狀態的否定所能達到的效果相當有限。[10]上述義山詩作多止於自傷身世，情志局限於一己兒女之思爾。

……

鑪煙消盡寒燈晦，童子開門雪滿松。

（憶匡一師）

鑪香僅止於繚繞一室，燈火只能照見一室，這一切都只關照一室之中的生存軌跡。鑪雖存但鑪煙已消，燈猶在而光已晦，所以雖無否定詞直接的說明，但物象存有與空無之間，自成肯定與否定的對應。然而這份空虛無奈僅繫於以一室之鑪香燈影爲格局的生命。

……

於今腐草無螢火，終古垂楊有暮鴉。

地下若逢陳後主，豈宜重問後庭花。

（隋宮）

詩人以「腐草」「螢火」「垂楊」這些生活世界中的點綴，點染成篇。螢火蟲短暫的生命本來即易於啓發虛無的想像，而詩人更以否定詞強化了這份虛無。螢火指煬帝在天下盜亂之時，仍然於景陽宮徵求螢火數斛，夜出遊山，放之山谷。垂楊則是煬帝自板渚引河作御道，植以楊柳，名曰隋堤之事。於今腐草無螢火，義山借今古對照點明歲月無情，在歷史的長河裡歲月不爲任何人停駐，煬帝奢華的生命已隨草木同腐。甚至猶短於草木，而比於螢火。

否定詞是「於今腐草無螢火」之無，呼應下句「終古垂楊有暮鴉」之有，螢爲微小之蟲，否定微小之物的存有，復與下句「終古」相比，遂更能開顯歷史通觀之長大。螢火與終古日月之光相比，物之不齊可見，爲讀者的視覺想像構劃強烈對比。

此外螢火並非一般所謂之螢火蟲，而屬於歷史長流裡某一特定時地座標下之螢火蟲。它的存亡有無，標誌著特定的事件與記憶。義山詩中小物雖多，但多非泛指通稱之物，而總是背負著特定的歷史標記，例如曲池的荷花，隋宮的螢火，這一點可以說是義山詩作的特點。

然而下引詩句中的草間霜露則屬泛稱：

莫恃金湯忽太平，草間霜露古今情。
空糊赬壤眞何益，欲舉黃旗竟不成。
長樂瓦飛隨水逝，景陽鐘墮失天明。
迴頭一弔箕山客，始信逃堯不爲名。
（覽古）

如若不是「空」糊赬壤，長樂瓦「飛」所構成的空無，詩人無以道出政權的興亡就如草間霜露，生滅無常。赬壤是黏糊宮牆紋飾的赤土，廣陵城的堅固壯麗雖然盛極一時，如今安在哉？據《南史·前廢帝本紀》所載：「宋廢帝景和元年，以東城爲未央宮，以石頭城爲長樂宮。」又《史記·樂書》曰：「師曠鼓琴，再奏，大風雨飛廊瓦。」長樂瓦飛喻其奢華淫樂也。長樂宮的繁華早已隨水而逝。這首詩亦以微小之物的毀滅，映比歷史長流的悠遠綿長。

李商隱對於外物存有與空無的描述，構成對於外物存有的實質否定。這種筆法可以參照王維的詩作，[11]以映見其靜。物原本無法見其生滅流程，即使是生物，若無法構成否定義，標示生存的極限，則不能啓發生命歷程的想像，無由興起生命的反思。存有與空無所構成意義的對比，構成視覺想像的生滅成毀，全賴詩人對否定語法的運用。只是在物像之有無成毀，否定意涵多以存有的空無來形構。

對自寓一室，所見之微小什物的否定，乃對生活其間自身生命軌跡的界劃度量。界劃此侷促一室的生命軌跡，乃所以映比更長更大的生命格局。但是如果不使用否定詞，將生命的軌跡界限清楚，則詩人對外物的描寫將只得一有限且卑微的複印而已。[12]

第三節　髮白身老莫回首

詩人藉著否定詞超度物我的界線，但是逕以外物的存在反映此身，並不是詩人的極詣，詩人除了經常以身邊常見的外物爲媒，寄寓情志之外，由外物反觀自身，以一己身體的形象爲媒介，抒寫人生的感慨是更爲深情的手法。詩人經常將生命的反思寄託於自我身體的省視，[13]例如：

……

永憶江湖歸白髮，欲迴天地入扁舟。

……

（安定城樓）

身體形象才是詩人比類象物最後的焦點，是詩人從周遭外物反觀自身的核心。白髮是生命老去的表徵，詩人經常藉以表達對生命流逝的傷感與警惕。我們同樣可以在杜甫的抒情典範中，找到同樣的表述。寫流寓之「託不得已以養中」，「白頭吟望苦低垂」（秋興）寫出此身所標誌的生存界限。「名豈文章著，官應老病休。」將平面畫幅的想像引渡進入人間歷史的通觀之流裡，白髮的身體形象不僅是畫面上的光影與色彩，而是生命衰亡的指標。

其它如「白髮如絲日日新」（春日寄懷）「浪跡江湖白髮新」（贈鄭讜處士），其形容的身體形象就是對此身生存的否定。因爲白髮日增，年華老去，容顏漸改，以至於死亡，正是爲身體存活於此世作標記。

如此白髮形成生命意義座標的原點，因孑然此身的衰病所斷限的，永恆歸宿的嚮往，寄託於未繫之孤舟的浪跡天涯，此即李義山深得杜工部「飄飄何所似，天地一沙鷗」之旨者。孤舟不繫，浪跡天涯，彷彿深味於逍遙[14]，其實正因詩人無法解脫身體形象的執著，於故園永憶於心，於孤絕未能釋懷。身體形象乃自我認知的依據，所以藉身體形象的變化可省視生命的意義。

李商隱更進一步藉身體形象所預設的視域，形構詩中的轉折：

……

張蓋欲判江灩灩，迴頭更望柳絲絲。

……

（曲池）

……

回頭一弔箕山客，始信逃堯不爲名。

（覽古）

以身體形象寄託生命的感懷，實是詩人慣用的手法，例如：

……

曉鏡但愁雲鬢改，夜吟應覺月光寒。

……

（無題）

……

人生豈得常無謂，懷古思鄉共白頭。

（無題）

雲鬢漸改，青絲飛霜，鏡中所見正吾生所寄之身也。正所謂「偶開天眼覷紅塵，可憐身是眼中人。」此身體形象頓成詩人生命反思的最佳媒介。比如李賀以身體形象借予無生命之外物，進而將人之深情寄寓其中，可以闡釋詩人如何假身體形象表意之形構。[15]以身體形象的動作與變化為表意的媒介，極易因取得共通的自我認知對象而產生感動。例如：「身無彩鳳雙飛翼」(無題)「輕身滅影何可望」(日高)「深知身在情長在」(暮秋獨遊曲江)「乞腦剜身結願重」(題僧壁)「浮雲一片是吾身」(贈鄭讜處士)身體形象成為詩人最能表達際遇與志願的媒介，身體形象作為類比之物，正足以貼切生命的律動：[16]

……

垂手亂翻雕玉佩，折腰爭舞鬱金裙。

……

（牡丹）

垂手折腰，舞姿曼妙絕倫。雖然比擬生動的舞姿，其實在營造永恒的形象。垂手亂翻，折腰爭舞，皆為醒目的身體動作畫面[17]，於身體形象有所執著，身體形象之於義山，不可謂不重。[18]

身體作爲詩人表意的媒介，只是敘述的一個環節，而非詩意的終點。爲了釋放寄寓詩句中的意義，避免自囚於侷促的自戀，勢必需要否定詞的介入。

相見時難別亦難，東風無力百花殘。

春蠶到死絲方盡，蠟炬成灰淚始乾。

曉鏡但愁雲鬢改，夜吟應覺月光寒。

蓬山此去無多路，青鳥殷勤爲探看。

（無題）

這首無題詩極言相思之苦，相見時難別亦難，所言在於人生「無力回天」的感歎。無力乃比擬人身，建立於身體形象之上的情志表達。春蠶到死絲方盡，亦以身體形象爲媒介，擬諸身死之空無，藉以否定生命存有的狀態，進而引申身未死而情難盡之義。[19]譬諸義山詠荷花之詩：「荷葉生時春恨生，荷葉枯時秋恨成。深知身在情常在，悵望江頭江水聲。」（暮秋獨遊曲江）正因此身未絕，只要一息尙存，則深情不絕如縷。[20]無題詩以身體形象的否定表達無盡情意，獨遊曲江之詩則以身體形象的「存有」表述情意常在。

義山藉身體形象的否定表現內心的無力與無奈，可見身體形象實利於內心情感的表述。否定詞的使用在於標示生存的極限，[21]以個體生存的極限爲想像的邊界，使我們獲得表述超重的情感的立足點。正因爲無力與凋殘，得以展現一份超越個體之上的深沉情意。

曉妝夜吟標示生存的延續，而此尙存的生命並非此身眞正的目的，既愁雲鬢改，復覺月光寒，生命因死亡的界定而殘缺，年華老去固使人心焦，詩人所啓發的應是即使此身不在，此恨猶綿綿不絕也。一條超度此身生死所範限的人生之道，應是我們相思惜別最後的嚮往。

出路只有託付青鳥，青鳥者，西王母所使也。（山海經·大荒西經）西王母乃長生理想之形象化也。反思生離死別無常之無奈之後，最後以蓬萊仙山，西王母使爲結，將突破生存困局之道寄望神使青鳥。對生存的實質否定，主旨在於延續此身的無力與此情之不得已。然而蓬萊神使實在是對現世生命的否定。此又爲否定詞之後實質的否定也。

……

身無彩鳳雙飛翼，心有靈犀一點通。

……

（無題）

說「雲鬢改」即爲對既有身體形象的否定，因爲形象的變化歷程，本來就是以時序中每一個後繼的形象，否定既有的形象。身無彩鳳雙翼，則是對於一種不存在的身體形象的期待。[22]不過此法依然是根據否定現存的身體形象，將想像超度到一個神怪魔幻的世界。

說身無雙翼表現生存狀態的極限，同時以否定詞爲超度生存界限的起點，指向超越身體存在形式的心的嚮往。心的嚮往藉著身的否定而達成，而且心的意向常以頭的方向來表示，例如：

……

張蓋欲判江灩灩，迴頭更望柳絲絲。

……

（曲池）

……

回頭一弔箕山客，始信逃堯不爲名。

（覽古）

義山以回頭形構身體形象的扭曲，這就是對既有身體形象的否定。在別離的首途，回頭所構成的否定意涵，表達了反抗別離的心意。而在生命流徙的長途上，絕對無法逆轉的人生之旅裡，詩人回頭所弔的將不僅是許由，而是人生徵逐功名的價值取向。

「輕身滅影何可望」（日高）

「乞腦剜身結願重」（題僧壁）

「浮雲一片是吾身」（贈鄭讜處士）

上引這些詩句都以身體形象深深與生命的意向結合，而身體的存亡則表現了生命價值的定位。願望如此之深，此身如此有限，生命價值的展望將立足何處？

「白髮如絲日日新」（春日寄懷）

「浪跡江湖白髮新」（贈鄭讜處士）

對於身體形象的否定也不是訴諸直接的否定詞，而是透過對其存有狀態的否定來表述。[23]亦即借著存有狀態的變化或空無，以否定身體形象所寄寓的涵意。白髮正是因爲具有這層否定的意義，所以經常被詩人用來表達生涯的界限。[24]身體逐漸衰老，最終歸於虛無死滅，此爲生人之大患，故詩人苦吟白頭。老杜以飄鳥自況流放之身，豈非借身體形象的轉化，爲生命的意義尋找更高的歸宿？但是白髮的形象所喻示的極限，卻用來引導更高深的生命境界。

秋水悠悠浸野扉，夢中來數覺來稀。

玄蟬去盡葉黃落，一樹冬青人未歸。

（訪隱者不遇成二絕之一）

山林隱逸常是中國士大夫失意於朝堂後的一個歸宿，也常是功成身退的一種人生境界。義山以身體形象來表述這種種心境，在於身體所標示的存有或空無。第一首訪隱不遇，秋水悠悠之浸，使場景模糊，存在變得不確定。覺夢之間來去的不均，對比著願望與現實的落差。玄蟬盡去，衆木皆枯，唯一樹冬青映著空寂的山林。人身的缺席所形成對生存的否定，視覺形象的失落，[25]在這裡只表述了詩人的失望。

相較於王維山水田園之詩的空靈，義山似乎無法以身體形象的缺席表達意向的空靈。爲了充分論述否定詞在各詩意情境裡的表現，下文不得不略述王右丞《輞川集》數首爲例，說明身體形象的否定所能表達到的詩意。王右丞既善於描畫外物，更善以身體形象之否定表現生命的空靈。例如：

檀欒映空曲，青翠漾漣漪。

暗入商山路，樵人不可知。

（斤竹嶺）

從綠竹猗猗的斤竹嶺，詩人矜持的自我，彷彿要淡入山林，融入檀欒的陰影裡，在溢出眼瞼的青蒼碧翠裡，視線不覺暗了下來，我與綠竹俱於森淼的黯碧中，溫柔散去。

空山不見人，但聞人語響。

返景入深林，復照青苔上。

（鹿柴）

同樣是待訪者的缺席，義山「人未歸」預設了旅人的歸來，而右丞直曰「不見人」則爲畫面留下靜止的空白。如果參考老莊與金剛經的否定方式，義山以畫面景象的變化，啓發時間的想像。時間使畫面處處突顯出遊歷的價值。而王右丞靜定寂滅的景象營造，意味自與義山殊異。「與造物者爲人，而遊乎天地之一氣。彼以生爲附贅懸疣，以死爲決疣潰癰。夫若然者，又惡知死生先後之所在。假於異物，託於同體，忘其肝膽，遺其耳目。反覆終始，不知端倪。」（大宗師）否定形象的結果乃遊乎天地之一氣，逍遙遊的途徑在於「遺忘」。反觀《金剛經》曰：「不應住色生心，不應住聲香味觸法生心，應生無所住心。」又曰：「云何爲人演說？不取於相，如如不動。」以此回應《金剛經》首要的問題「善男子善女人發阿耨多羅三藐三菩提心，云何應住？云何降伏其心？」問題的核心始終在於一顆覺醒心的安住。義山篇篇詩歌皆在遠遊與歸鄉如流的遷徙之間，右丞卻多在山林田園之中靜坐冥想。義山往往在繁華富麗的語言世界裡，歷覽而漸露惘然自失之情。右丞則每每掃除塵煙之後，清醒地安然獨在。

王維繼續在物我彼此的架構裡，思索著我的意義。「詩言志，歌永言。」詩總是詩人自我情志的抒寫，而所謂山水田園之詩，並不在於外在景物，瑣瑣屑屑零碎地描述，而是如繪畫一樣，透過色彩線條的布局，形構光譜明暗的層級，操縱紛陳的個體形象，表達超出形象之外的理念。[26]

繪畫不同於雕塑的立體媒介，畫家利用明暗光影所形構的譜系，以平舖的線條抽繹萬有內蘊的理想，表構爲雖然背離現實，卻以超越感官的啓示，使我們直接觸及實在。中國山水畫之不具體寫實，恰正勾勒出實相眞際。

王維《輞川集》裡的〈孟城坳〉〈華子崗〉〈文杏館〉〈斤竹嶺〉，無疑成功地以光影明暗的系譜，勾劃出一段古中國西北黃土地上，古城郊外一個近河土丘山坳，一個可以瞻望連山秋色與連翩飛鳥的山坳。在這個土丘與那個土丘之間，這一個山坳與下一個山坳之外，有著密植青苔的深林，以及檀樹、欒樹、青翠竹山的漣漪。但是王維在這水墨的風景線外，抒寫的是無垠的惆悵，是不知去作人間雨的矜持，是在瀲灩竹影裡淡入山路的陶然忘機。

然而王維在〈鹿柴〉裡，不再依附山水的布局，在將光影運用到極限之後，視覺的最後印象瀕臨崩潰。於是身體形象失去了身體，王維以詩的音樂機能，帶領我們跨過自我的身體，自我隱入音樂之幕，享受輕易變形的樂趣，品味私秘的快感。[27]

「空山不見人」是重重放逐的開始，走出京城，也走出縣城權力的凝視，王維遠離形象統治的羅網，超脫視覺知識的監控，在這簡單的敘述中明白地揭露了。「但聞人語響」則挽救我們於陷落虛無的危機，因爲依靠視覺的人類，即將喪失絕大部份的知識內容，也就喪失了世界的確定性。看不見的聲音把我們從虛無的邊緣拉回來，卻不像可見的形象那樣標定我們的思維，而允許我們有更豐富的想像自由。王維善用否定詞的效果，實得《金剛經》禪學論述方法之三昧：

「佛說般若波羅蜜，即非般若波羅蜜，是名般若波羅蜜。」

「諸微塵，如來說非微塵，是名微塵。」

「如來說世界，非世界，是名世界。」

「如來說三十二相，即是非相，是名三十二相。」

「是實相者，即是非相，是故如來說名實相。」

「如來說諸心，非心，是名爲心。」

「如來說具足色身，即非具足色身，是名具足色身。」

「如來說諸相具足，即非具足，是名諸相具足。」

王維以音樂與形象之間的交迭，達成說諸相具足，卻非諸相具足，是名諸相具足的眞諦。啓發凡夫無上正等正覺，而生無所住心。此皆義山所未著墨之地。

「返景入深林，復照青苔上」雖然復歸視覺的領域，但是那自在鑒臨的日光是形象的創造者，它享有藝術家同樣的自由，甚至超越個體的局限，展示了永恆的曠觀。自由並非混亂的獨斷，而是超越個體格局的逍遙。

秋山斂餘照，飛鳥逐前侶。

彩翠時分明，夕嵐無處所。

（木蘭柴）

透明的光影一直要脫離視線的確認，明滅的彩翠，飄緲的山嵐，盡皆游移於視域的邊界。

輕舟南垞去，北垞淼難即。

隔浦望人家，遙遙不相識。

（南垞）

視覺上的隔離，造成共存的自在。不相識的人家，超出視線監控的距離，卻允許互攝的想像。

吹簫凌極浦，日暮送夫君。

湖上一回首，青山卷白雲。

（欹湖）

這是一首特別的送別，離情的超度在一回首之間，青山白雲的自在無愛。

獨坐幽篁裡，彈琴復長嘯。

深林人不知，明月來相照。

（竹里館）

孤絕的音樂，疏離的心境，與人間世雖隔絕，靈明之心卻同於大化。

木末芙蓉花，山中發紅萼，

澗户寂無人，紛紛開且落。

（辛夷塢）

空山中，樹梢的芙蓉花兀自盛開著。喧嘩山澗旁的小屋空寂無人，盛開的芙蓉就在這幽谷、響川、空屋之間，自在地開落。讀王摩詰之詩必能坐得住，方可領略箇中意境。無論是獨坐幽篁裡，或是夕嵐無處所，隔浦望人家，沒有靜坐安住之所是不行的。反觀義山卻正「浮雲一片是吾身」（贈鄭讜處士）「浪跡江湖白髮新」（贈鄭讜處士）義山實在是坐不住的，如果坐困愁城「……曉鏡但愁雲鬢改，夜吟應覺月光寒。蓬山此去無多路，青鳥殷勤爲探看。」（無題）義山的心思早就遠颺，恨只恨「身無彩鳳雙飛翼」，即使冥契大化流行，義山也只付諸「此情可待成追憶，只是當時已惘然」（錦瑟）。「住」與「遊」，「覺」與「忘」，表意媒介清晰可辨也。

王維顯然不試圖表現任何單純的自然主義，或寫實主義。他沒有簡單地描繪景物，更不單純地呈現自然風景。在王維的構圖中，最耐人尋味的就是人在風景中標註的時間之流。時間的流行類比於生命的綿延，「人跡」現在所呈現的「有」，「人的行動」所標誌的過去與未來，則表現了現在的「無」。空間的構圖只能表現「現在」的「有」，而貫通過去、現在、未來，時間之流的「存有」，在空間的構圖中必須巧妙地以「虛無」來表現。

「來者復爲誰，空悲昔人有」是在孟城口，古樹下的通觀，古城外此時的空寂，卻用來標誌了向過去與未來展開的存有。

「空山不見人，但聞人語響」的音樂節奏，更是生命綿延的最佳詮釋。「返景入山林，復照青苔上」的「光」，凌駕形下的萬有，因此超越個體形象「過去－現在－未來」的局限，表現普遍而永恆的存有。

「秋山斂餘照」殘餘的光影，映照的存有之物，與那「飛鳥」所逐，已經消逝於視域裡的「前侶」，有無之間，預示著我們看不見的生命之流。「彩翠」的明滅，時有時無的光影，薄暮裡曖昧朦朧的光景中，山嵐的若有似無，也成功地突破了我們對存在的確認與執著。

「獨坐幽篁裡」`「深林人不知」，自人群中放逐，使得自我的生命無比清明，也無比地孤絕。獨對個體生命的際限，唯有一氣流行的天籟，[28]與亙古映耀的明月。山靜澗響，有屋無人，「空山芙蓉」自開自落，王摩詰也自有超度孤絕之道。

究竟「詩佛」王維如何解脫生命的孤絕呢？後人對於王維思想性格，也有佛耶？道耶？佛道難分的爭議。我們可以順著王維的代表作《輞川集》，由其中可見／不可見，有形／無形，繪畫／音樂，空間／時間，存有／虛無，重重表現與詮釋，釐定王維思想的性格。我們更可借「住」與「遊」，「覺」與「忘」的對比，細辨其中況味。

王維思想的根本，必須在他描寫臨界情境之際，才能尋繹明白。所謂臨界情境是指：生死有無之際，善惡是非之間。生死交關與善惡交戰，個人對自身存在情境的超度，最能表現一個人對生命意義的回答。輞川二十首，藉綿延的風景線，勾畫出王維謫臣逐客的心情，描繪出王右丞孤絕的身影。王摩詰的孤絕疏離，不只是人際關係中的隔絕，而是個體生命獨對存有的眞理實相之際，價值意義的虛無與絕望。[29]

「空悲昔人有」「惆悵情何極」「不知去作人間雨」「暗入商山路」「空山不見人」「遙遙不相識」「獨坐幽篁裡」「深林人不知」「澗戶寂無人」在在說明了，王維在遠離京師的輞川，疏離於權力的鑒臨之外，隱身空寂無人的深林空山，所面對的是連山秋色裡的惆悵無極，所開悟的是空山芙蓉自在的開落。他對於寂坐山林，獨居郊野的自我，實有一份超乎凡夫的覺照。

詩人對身體形象的否定，首先是視覺形象的變化（雲鬢改），繼之以身體形象的非視覺化（不見人），總之在於存有與空無之間，在生滅變化之中，呈現生命的實相，可謂深得「不住於相」之旨。[30]王摩詰的詩篇在說諸相具足，即非諸相具足，是名諸相具足的絕妙言筌之中，透露「若見諸相非相，即見如來」之無上禪機。

王維對於身體形象的運用深味禪理，可以說臻於化境。因此藉著王維的詩篇，我們可以對映李商隱詩中的身體形象，以形成相對的評價。

「輕身滅影何可望」（日高）

「乞腦剜身結願重」（題僧壁）

「浮雲一片是吾身」（贈鄭讜處士）

在上引詩句裡，我們可以看見義山對身體形象的依賴與執著。義山不像摩詰一樣讓身體形象如音樂之隱入時間之流，反而是「乞腦剜身結願重」，結願如此深重，以致成爲想像王國領土上空縈迴不去的陰影，恰如「身在情常在」的摯念，義山縱將此身寓於浮雲一片，身體形象也未能輕輕移去，反而更加深了我們對身體形象所象徵的生命的眷戀。正如登安定城樓的義山，以屈原賈誼自況，作鵷雛高飛而鄙視燕雀之無知。義山藉身體形象所啓發的人生境界，如浮雲之高蹈遠引，似乎始終無法超脫潔身自愛的執著，無由同於「至人無己」之逍遙。相較於王維隱身山林，觀空悟得禪機[31]，義山宛如痴執一片幻若浮雲之身也。

然而就義山的〈錦瑟〉詩觀之，「……莊生曉夢迷蝴蝶，望帝春心託杜鵑。滄海月明珠有淚，藍田日暖玉生煙。……」雖然並未直接以身體形象爲表意媒介，其中蘊涵的玄思卻深契於「與造物者爲人，而遊乎天地之一氣。彼以生爲附贅懸疣，以死爲決疣潰癰。夫若然者，又惡知死生先後之所在。假於異物，託於同體，忘其肝膽，遺其耳目。反覆終始，不知端倪。」（大宗師）所本「物化」之哲理矣。「物化」乃以身體形象的互通與轉化爲主要內涵，義山一生潔己自愛，風致高標，實難捨此高潔的自我形象，但卻能於錦瑟詩中引入「至人無己」的物化之旨，將華麗的人生歸於無可挽回的「惘然」，眞爲其詩意境界的一大突破。因爲此詩並未直接引用身體形象爲表意媒介，且嚴格說是運用了神話爲媒，故於本節不擬深論，而詳述於第五章第三節。

總之，義山詩中身體形象的安排，往往寄托於此身若浮雲遠遊，或假青鳥傳情，又或比之鳳凰，不一而足。關鍵皆在於迴遊天地之逍遙，而善忘之夢覺流轉則其機制也。較諸王維山林郊野獨處幽居的空靈，其間佛道纖毫之異可見矣。

第四節　惆悵人間形影孤

詩人由登臨或旅次，因所遇而有感，所感者其際遇也，能感者其人自身也。感遇之詩固然可彰顯詩人情志，終究不如自寓之詩能暢達詩人情志。詩人遂藉對自身的審視，表述生命的感慨。然而身體終究困於生死之斷限，不足以寄託生命永恆的憧憬。繼身體形象的銷亡，詩人的性命將寓於何方？自寓之詩者，不似感遇之詩肯定外物存在己身之外，與己相對相遇而使詩人感懷。自寓之詩乃詩人將自身化入外物，雖詠物而實詠懷也。

自寓之詩與感遇之詩雖然皆以外物爲媒介，但感遇之詩藉外物與己身相際而不互化，自寓之詩則藉外物爲己之化身。所以無論詠物、詠史、懷古、豔情，皆可藉以寄寓詩人自身生命之意蘊。此固莊子所謂「天地一指」「萬物一馬」[32]之旨，實爲「若人之形者，萬化而未始有極也，其爲樂可勝計邪？故聖人將遊於物之所不得遯而皆存。」[33]然而切莫執著此身所「存」，而應著意於其「萬化無極」也。

義山花鳥山月之詩，寓意頗多爭議，[34]下文將各從其媒介之物，分類演繹之。

> 下苑他年未可追，西州今日忽相期。
> 水亭暮雨寒猶在，羅薦春香暖不知。
> 無蝶殷勤收落蕊，有人惆悵臥遙帷。
> 章臺街裡芳菲伴，且問宮腰損幾枝？
> （回中牡丹爲雨所敗）

此處「回中」乃回安定郡之途中，「下苑」則「宜春下苑，即今京城東南隅曲江池是。」（漢書·元帝紀）曲江在唐開元中疏鑿爲勝境，花卉環周，煙水明媚，公卿大夫之家於江頭立亭館，以時追賞。[35]義山曾以「曲池」爲題之作：

日下繁香不自持，月中流豔與誰期。

迎憂急鼓疏鐘斷，分隔休燈滅燭時。

張蓋欲判江灩灩，迴頭更望柳絲絲。

從來此地黃昏散，未信河梁是離別。

詩人以當年無可追悔的離情遺恨起首，襯托今日重逢之喜。虛擬人間之聚散，抒寫內蘊之深情，全憑「未」之一字否定了已逝的年華，標出了生命的一個界限。但是也因爲這「未可追」否定了情感的滿足，其中的虛無悵惘正蘊釀一股更強烈的眞實欲望。這份深沉熱切的情感雖以牡丹爲目，但是卻句句虛擬人間情味。「可追」與「相期」不是發生於人與植物間的關係，若非虛擬牡丹具有與我相通相惜的人格，則無所謂可追，更無可能相期。

從下苑他年到西州今日深情相待的跌宕映比，詩人的目光瞬間回到自身當下，也是牡丹花的目前當下。《漢武內傳》曰：「帝以紫羅薦地，燔百合之香，以候雲駕。」此處或意謂置羅薦於幄幕，以防花寒。在水亭觀暮雨而知寒，使幄幕羅薦裡猶不知春暖。在羅薦春香裡，還感受到亭外暮春雨寒，關鍵在於我之不知暖，此即對於自身生存情境客觀實在性的否定。

否定了外在情境的實在性，啓發讀者超脫外在情境的黏滯，而與詩人的自我同遊。「無蝶殷勤收落蕊」點出牡丹的孤絕，而牡丹是否有此孤絕，人固不知也。所以孤絕者實惆悵偃臥之賞花人，悵然獨臥悄對寒雨孤花，人猶此花，花猶此人也。「無蝶」啓人身猶孤花之想，「有人」則寫出詩人出位反思。能覘出有人臥於遙帷，則己身已與此人相望矣。與人相望者，此暮春寒雨中之牡丹也。

詩人藉「不知暖」否定此身所處情境的實在性，復藉「無蝶－有人」超脫詩人此身的黏滯，兩詞否定而自我逐步走出此孑然之身，而化入牡丹矣。

浪笑榴花不及春，先期零落更愁人。

玉盤迸淚傷心數，錦瑟驚弦破夢頻。

萬里重陰非舊圃，一年生意屬流塵。

前溪舞罷君迴顧，併覺今朝粉態新。

（同上，其二）

以牡丹爲自我遂能「浪笑」榴花開不及春。因浪笑榴花倏然自覺己身先期零落更可哀。以玉盤迸淚寫珠淚縱橫的影音，傷心人既數其珠顆之墜落，復數其迸盤之鏗鏘。以錦瑟驚弦喻魂夢不安的情境，驚夢客既頻爲錦瑟驚破想像，復爲琴弦割斷酣睡。李義山以「玉盤」「錦瑟」寫傷心破夢，而傷心破夢本來抒寫人情，如今卻以喻暮春寒雨中牡丹花落，若非詩人自寓於牡丹，此層層寓意將無由演繹。[36]

自浪笑榴花點出花時，先期零落鋪陳歲月的流轉，玉盤迸淚與錦瑟驚弦更扣合音響韻律，時間的因素於義山自寓之詩的想像，實爲關鍵。因此萬里重陰可以是橫括萬里的布雨陰雲，更緊緊繫住生命的流徙，「一年生意屬流塵」方能掂出生存意義的反思。人生類比於時間的流轉，靜立於空間的形象永遠無法駐守人生歷程裡的每一瞬間，卻於音樂宛轉流行中使觀者浮想連翩，生命的意義則由影音介面遞轉而來。

而否定詞的運用正足以藉反動之力，將我們的想像超離靜立空間之形象，悠然度入生命之旅。所以當我們讀到「前溪舞罷君迴顧，併覺今朝粉態新。」生命絕不停駐的腳步使我們心驚，正因爲生命本身無可挽回的流行，牡丹花的開落才使得人自寓身世，感慨係之。

詩人生命的自寓不能停駐於僵直的形象，但是又不能不透過一幅幅固定的形象以標定想像的流動。尤其單音獨體的中國文字，每一個字都彷彿意義的建築，概念的寓所。[37]當詩句成形，想像託付媒介，意義可能拘執於既成的形象格局，遂無法傳譯生命流轉的精義。否定詞的作用彷彿指引迷津的精靈，使我們在閱讀詩句，構築想像之際，不至於坐困迷城。

同樣以牡丹爲題之詩，義山藉以自寓者：

錦幃初卷衛夫人，繡被猶堆越鄂君。
垂手亂翻雕玉佩，折腰爭舞鬱金裙。
石家蠟燭何曾剪，荀令香爐可待熏。
我是夢中傳彩筆，欲書花片寄朝雲。
（牡丹）

這首詠物詩，並未運用否定詞以造成超度想像的效果。反而組成形象的拼盤，猶如鑲嵌的自畫像。「夫子見南子於錦帷之中。」[38]以美麗的衛夫人比擬牡丹之高華。錦帷襯托南子之華麗氣質，再以南子的高貴華麗比擬牡丹的美豔。詩人描繪出鮮明的身體形象，作爲表意的媒介。

越鄂君一樣展現了美的形象：「鄂君子晳汎舟於新波之

中也，……越人擁楫而歌曰：……山有木兮木有枝，心悅君兮君不知。於是越君乃揄修袂，行而擁之，舉繡被而覆之。」（說苑）又是一幅美人的形象。以美人簇擁著繡被的形象喻牡丹之嬌美。

前引詩篇所描繪的，身著鬱金裙，復懸雕玉佩，垂手折腰的曼妙舞姿。雖然比擬生動的舞姿，其實在營造永恒的形象。垂手亂翻，折腰爭舞，皆為醒目的畫面，於身體形象有所執著，詩人藉歷史或傳說烘托美麗的身影，目的在於將自身的理想寄寓外在的形象之上。

石家蠟燭謂巨富石崇「以蠟燭代薪」的故事，而蠟燭不剪則蠟淚流紅，炫若春花。蠟燭在義山詩中經常用以標示時間，進而類比生命。荀令香爐乃指荀彧有愛香之癖，故到處留香。此二句極言牡丹的華麗與香豔。如果沒有身體形象為寄託，無法道出其享受的奢華。同時香屬嗅覺，是義山突破視覺想像的媒介，香氣的久暫存亡比視覺形象更能譬喻生命。而繁複的奢華之筆，寫盡身體享用之後，餘香飄往何方呢？

紀昀評之曰：「八句八事，卻一氣鼓盪，不見用事之跡，絕大神力。」葉蔥奇解曰：「結二句綰合到自己，興寄遙深。」「通首詠物，只結處輕一關合，全篇便都有深意，實在是借牡丹的濃豔來為自己的才華寫照。」但是因為句句正面描繪，事事有典可查，讀者並無足資超離正面形象之建構者。末二句亦只以我之才能與牡丹相映比，然終究物是物，我是我，物我並無相寓之道。所以評語亦呈現兩極化，朱彝尊即評之曰：「堆而無味，拙而無法，詠物之最下者。」程夢星則直以豔情詩視之曰：「結二句情致宛轉，分明漏洩。若以爲實賦牡丹，不惟第八句花葉二字非詠物渾融之體，且通首堆砌全不生動。」

由上述各家評注，可知關鍵在於末結二句也。「我是夢中傳彩筆，欲書花片寄朝雲。」只因「我」之所是所欲，頓時與前六句六事對立起來。物我對立，卻無通濟之道，我自我，物自物，故有視之爲豔情詩者。自〈回中牡丹爲雨所敗二首〉觀之，以彼之善用否定詞，而此之實乏否定詞，正可見詩人抒情自寓筆法之高下。如果說本首牡丹爲詠物自寓，則其作詩方法實遜於回中牡丹之作。因爲義山詩歌精義在於深得「物化」之妙旨，若執物我之分而不化，豈可謂「妙得言筌」乎？

【註釋】

[1]顏崑陽《李商隱詩箋釋方法論》（臺北：臺灣學生書局，1991）：「『興』的作品所表現的主要內容是主體當下的直覺感性經驗。而這種直覺感性經驗乃是由具體存在的物象所觸發。因此即使語言中的物象並非發生的事實，而是擬構的形象，也必須是具有當下具體存在的性質。」頁133-4。

[2]《莊子·齊物論》曰：「不知周之夢爲蝴蝶與？蝴蝶之夢爲周與？周與蝴蝶則必有分矣。」

[3]劉學鍇、余恕誠《李商隱詩歌集解》（臺北：洪葉文化事業有限公司，1992）頁1549。

[4]顏崑陽，同上：「比興的客觀性判準，這是與語言表達形式有關的問題。」頁199。

[5]王夢鷗《中國文學理論與實踐》(臺北：時報文化出版企業，1995)論記號作用的歷程區分為四個階段：「第一是視覺或聽覺印象，第二是直覺表現，第三是那表現隨伴的感情，第四是對外表達。」頁94-5。

[6]王夢鷗，同上：「『詞』的形體（尤其是書寫的），它的本身只是一些人為的物質的現象，排列在字典中也不過是一堆死屍，唯有它的印象被引進到心靈上才取得了活氣或靈魂。」頁96。

[7]石毓智《肯定和否定的對稱與不對稱》(臺北：臺灣學生書局，1992)頁74-80。論否定性詞語。

[8]石毓智，同上，頁41。

[9]王夢鷗《中國文學理論與實踐》（臺北：時報文化企業，1995）頁179-180。

[10]《莊子・逍遙遊》：「小知不及大知，小年不及大年。」

[11]我們看王維之〈文杏館〉：「文杏裁為梁，香茅結為宇。不知棟裡雲，去作人間雨。」司馬相如《長門賦》：「刻木蘭以為榱兮，飾文杏以為梁。」《西京雜記》記載：「初修上林苑，群臣遠方各獻名果異樹。杏二：文杏、蓬萊杏。（注曰：材有文采者。）」《水經注》：「《晉書・地道記》：泉陵縣有香茅，氣甚芳香，言貢之以縮酒也。」「縮酒」的意思是祭祀時，香茅舖在祭祀洒酒之地。農業中國的居室與自然環境，生息相通。杏樹裁為棟樑，上面架著香茅屋頂。這樣的居室則有些異樣，因為文杏與香茅，都不是平凡的建材。然而文杏裁成的棟樑，以及香茅結成的屋頂，名貴的地方

都是由於它們自然的屬性。

文杏作成的棟樑，上有自然天成的雲紋，說這棟裡隱隱的雲彩，不知道去人間化作時雨，是詩人美麗的虛擬，而虛擬脫離現實，反而顯現了詩人的自我。猶如文杏與香茅，雖然是房室的建材，但不是平凡的建材。雖說不凡，但卻不是人工刻意所作，一派自然天成的韻味。這就是輞川城郊，看似平凡，實則不凡，雖然不凡，卻是天成的「文杏館」。王維這棟裡雲，豈不是也不知如何去作人間雨麼？

[12]王夢鷗，同上：「倘若一個記號已『一望便知』，亦即不再加以想像，……而僅成爲易知的記號，亦即成爲『概念』式的語言而存在了。這一類變質的記號，雖得保存於求知的作品中，但在滿足想像的、詩的或文學的語言方面，它實際的作用已失掉……」頁102。

[13]《莊子·德充符》：「道與之貌，天與之形，惡得不謂之人？」「吾所謂無情者，言人不以好惡內傷其身，常因自然而不益生也。」說明身體形象是人自我認知的依據。

[14]《莊子·逍遙遊》：「今子有五石之瓠，何不慮以爲大樽而浮乎江湖？」疏曰：「樽者，漆之如酒尊，以繩結縛，用渡江湖，南人所謂腰舟也。」

[15]例如李賀的〈金銅仙人辭漢歌〉：「魏官牽車指千里，東關酸風射眸子。空將漢月出宮門，憶君清淚如鉛水。」個人有生老病死，國家有興衰榮枯，歲月流轉，人事遷化，彷彿只有秦關漢月，漠然無情地冷然下視著，江山易主，朝代更迭。漢武帝爲求長生，銅澆鐵鑄的仙人，無法逆轉歷史，也保不住劉郎的長生。漢朝終究滅亡了，仙人也要隨著權力的流動易手。

面對改朝換代，人事無情的流轉，徒具人形的銅人竟然也潸然淚下。銅人被由東向西的權力之風驅策，流下了鉛淚。這樣的形容背後，應該不僅是擬人化的修辭手法而已。

生命的變幻無常煽動死亡的焦慮，因爲在所有的動亂之旁，杵著一尊尊「有人之形，無人之情」的金銅仙人，冷冷地凝視著朝代的興衰。但是原本應該漠然無情的銅人，竟流下清淚如鉛水。

金銅仙人的淚，不是爲了難捨故園。朝代更迭，人事輾轉，江山依舊，英雄白頭，美人遲暮。不變的只有朗朗星月，月光下大地不息地騷動著。古月映耀千江，但永恆卻不在滔滔逝水，更不在川上粼粼的波光月影，所以滿懷漢月也只是無處著手的虛無。

生命果然如此虛無，即使心冷似鐵，也禁不住這份荒涼的傷感，而涕下縱橫。金銅仙人隨著權力的風向離去，鉛淚爲生命價值的匱乏而淌。而銅人鉛淚的想像張力，更是醒人耳目，發人深省。但是鬼才李賀不讓我們的想像稍息，撼人的詩句連番襲來。這種擬人的手法非身體形象不能盡其蘊。

[16]王夢鷗《中國文學理論與實踐》（同上）論譬喻的基本型。若原意象與譬喻的相合處越多，則類似點（媒介）的價值越高。頁199。

[17]同上，頁247。有所謂姿態的表情。

[18]《老子》第十三章：「吾所以有大患者，爲吾有身。及吾無身，吾有何患？」說明自我與身體形象之間的關係。

[19]黃永武〈李商隱的遠隔心態〉收在中山大學中文學會編《李商隱詩研究論文集》（臺北：天工書局，1984）頁70。黃氏斷言李商隱藉此詩表現了自虐自苦，猶如S. Freud所言求死的本能。姑不論此說是否與西方近代心理學契合，黃氏至少指出了，義山此詩所透露出身體形象隔絕生命的效果。

[20]劉若愚〈李商隱詩的境界〉收於呂正惠編《唐詩論文選集》(臺北：長安出版社，1985)頁446-7。

[21]湯廷池《漢語詞法句法五集》(臺北：臺灣學生書局，1994)頁91-3。

[22]王夢鷗《中國文學理論與實踐》(同上)頁247。

[23]石毓智《肯定和否定的對稱與不對稱》(同上)頁314-5。從語義上來看，身體形象的有無亦富有標記作用。

[24]杜甫的〈旅夜書懷〉:「名豈文章著，官應老病休。飄飄何所似？天地一沙鷗。」存在的視域從細草，因風輕而動微的細草，點染出一灣江岸，岸泊峭直的危檣，檣因孤舟夜泊的寂寞而危。覺察孤危乃因張眼宏觀，宏觀及於天地星月川野的平闊垂靜與巨流湧動。「名豈文章著，官應老病休。」以否定的方式劃下了生命應該超越的界線，功名不是生存價值的歸宿，身體形象的消亡是勘破功名的契機，遂使老杜進而點出超越孤危的「物化」之道：「飄飄何所似？天地一沙鷗。」屈原賈生終因困守孑然一身的清絕點埃，毀於戰戰兢兢的危情，不能物化以超生。老杜獨能以物化飄遊爲歸宿，開顯人生新境。城郊野渡，江湖孤舟，天地鳥迴，逐臣之自喻已經可以尋繹出一種抒情的典型方式。

[25]姚一葦〈李商隱詩中的視覺意象〉收於中山大學中文學會編《李商隱詩研究論文集》(同上)頁532-3。姚氏所謂「視覺意象」(visual image)本文視詞性分別稱之爲「視覺形象」或「視覺想像」。

[26]Hegel,G.W.F., *Werke 15*. Suhrkamp Verlag Frankfurt am Main, 1970. S.26-34.

[27]Hegel,G.W.F., *Werke 15*. S.138-148.

[28]《莊子·齊物論》：「夫吹萬不同，而使其自己也。咸其自取，怒

者其誰邪？」「彼是莫得其偶，謂之道樞。」

[29]Nietzsche, F., *Samtliche Werke 1*. §9. 人對自然的叛變造成所謂的「原罪」，個體自我意識的別稱，是痛苦的根源，也是痛苦的避難所。音樂精神則是超度個體小舟的大海浪潮，破壞個體的形象執迷後，歸於太一而逍遙。

[30]羅宗濤，〈六祖慧能的禪學與中華文化〉，頁68。

[31]羅宗濤，〈六祖慧能的禪學與中華文化〉：「他所謂的無念是『於一切境上不染』，而不是『沉守空寂』。」「即須『廣學多聞』、『和光接物』。」頁67，此所謂觀空之眞諦。

[32]《莊子·齊物論》

[33]《莊子·大宗師》

[34]汪中〈從「落花詩」談李商隱淒迷的身世〉收於《李商隱詩研究論文集》（同上）頁962-7。

[35]葉蔥奇《李商隱詩集疏注》（臺北：里仁出版社，1987）頁117。

[36]羅宗濤〈四傑三李之夢〉收於《第二屆國際唐代學術會議論文集》頁291。

[37]葉嘉瑩《中國古典詩歌評論集》（臺北：桂冠圖書公司，1991）頁126。

[38]劉學鍇，余恕誠《李商隱詩歌集解》（同上）頁1549。

第三章　別　　離

李商隱藉外物寄寓個人情志，由一室之中的什物，至於門窗所透入的光影，皆成就他心靈的素描。無論所居何地，在彼等詩篇中，義山宛如一獨立的雕像，矗立鏡室之中，自我的形象一一寓於四壁。如今詩人將走出自戀的鏡室，走入小小的庭院，展望更高曠的視域。

第一節　園中徘徊

有關義山詩作的第二類主要媒介，以庭園廊閣爲主。例如：

密鎖重關掩綠苔，廊深閣迴此徘徊。

……

（正月崇讓宅）

廊深閣迴，以及重關密鎖，構成詩人寫作的第二重寓意範疇。密鎖重關與廊深閣迴白描了崇讓宅的建築格局，直接交待了詩人置身的情境，以掩映的綠苔巧妙地爲簡單的建築點染幽怨。而藉徘徊的身影於深密重迴的廊閣宅院中，置放了孤獨的雕像。

露如微霰下前池，風過迴塘萬竹悲。

……

（七月二十九日崇讓宅讌作）

庭園中的景物「前池」「迴塘」「竹林」皆可爲寄託，共織意義的畫幅。[1]

昨夜星辰昨夜風，畫樓西畔桂堂東。

身無彩鳳雙飛翼，心有靈犀一點通。

……

（無題）

「畫樓」「桂堂」與「前池」「迴塘」共守著重關密鎖的「廊閣」，然而它們並非死寂的建築群。[2]就像居室映現主人的生命，這迴複的建築群也呼應著詩人生存的情節。所以說在這環繞的建築之間，詩人以「身無彩鳳雙飛翼」抱憾其間，復深切期望心靈相通的愉悅。

來是空言去絕蹤，月斜樓上五更鐘。

夢爲遠別啼難喚，書被催成墨未濃。

蠟照半籠金翡翠，麝香微度繡芙蓉。

劉郎已恨蓬山遠，更隔蓬山一萬重。

（無題）

就在這方圓迴複之地，人際的隔閡隱然成形。在建築群之間的來去夢覺，竟也如此不自由。這就是李義山在他的詩中，重關密鎖的樓臺廊閣，所範限著的詩人的生命。詩人現實生活實際的居所進入詩人的創作之中，但詩人並非建築工匠，也無須重構已逝的世界圖像，則詩人將如何超越現實生活實際的起居經驗所帶來的想像障蔽，以啓發重關密鎖廊深閣迴之外的謬幽荒唐之思？

詩人在詩篇中所引入的，居所的建築圖像，當然不是客觀建築自身，文字符號所組構的建築本來就與現實具體之物迥異，但是詩人以精緻的表述重新編織出起居住所的圖像，即使他本意不在於重回建築裡起居的經驗，詩篇本身也會因爲關於具體存有諸物的描述而吸引我們對現實生活的懸念。想像若不能跨越這廊深閣迴，重關密鎖的建築群，生命將幽囚於想像的陵墓之中，自閉於千年不死的死寂之間。

迂迴的長廊，層疊的樓閣，園中的池塘，池畔的竹林，介入詩人的創作，乃是詩人對生命反思的起點，它們共同組構了生存的基地，因爲在這小小的方圓之地，曾經發生過生命的種種情節，在這重重的情節裡，寄寓著我們的生命美好的記憶。家園是我們寄託人生意義的所在，是我們人際感通的基地，家園正是我們生命鄉愁的原點。

第二節 離 別

昨夜星辰昨夜風，畫樓西畔桂堂東。

身無彩鳳雙飛翼，心有靈犀一點通。

……

（無題）

來是空言去絕蹤，月斜樓上五更鐘。

夢爲遠別啼難喚，書被催成墨未濃。

……

（無題）

從上引的斷片，我們看見李義山以複構的建築群，限定了人際的感通，同時卻以否定詞的介入，突破死寂的建築複構。身雖「無」彩鳳雙飛之翼，但反逼出心「有」靈犀一點通。否定詞在視覺形象布局的建築藍圖之外(meta-)，接通了一條心靈之道，視覺想像在「無」的否定下失去焦點，卻延伸到視線不及的心靈世界中去。

這向心靈深處延伸的想像，帶我們去訪世外隱者。隱居本身即是否定性的題目，隱就是顯的否定，前述的居住顯於庭臺樓閣的複構之中，隱居的情狀又是如何呢？[3]

孤鶴不睡雲無心，衲衣筇杖來西林。

院門晝鎖迴廊靜，秋日當階柿葉陰。

（華師）

無事經年別遠公，帝城鐘曉憶西峰。

鑪煙消盡寒燈晦，童子開門雪滿松。

（憶匡一師）

這兩首憶舊之作，首句「不睡」「無事」皆以否定詞標示一個孤獨漂流的生命端點。無論是「衲衣筇杖來西林」之往訪行動，或是「帝城鐘曉憶西峰」的音響流動，最後都終止於院門深鎖的寧靜，以及隱沒於煙消燈晦的幽闇之中。流徙疏離的心棲止於時間的凝定與靜穆的張力之上。秋日與葉陰所構成的光影，使時間彷彿靜止在階前。童子推開門扉的瞬間，松枝上積滿顫然欲落的白雪，使時間的琴弦倏然張緊。

評者以為義山上引之詩，獨得靜字。其實「柿葉陰」與

「雪滿松」借著過度的陰暗與明亮，形成視覺想像的臨界張力，我們的想像已走到崩潰的邊緣，彷彿任何一點壓力都可以把我們帶進音響的非視覺領域裡。[4]

因此我們發現，透過否定詞，我們從視覺想像的世界出走。我們的生命隨著音韻流布，得到境界的超昇。所以隨著急鼓疏鐘，我們走出小小的庭園：

……

迎憂急鼓疏鐘斷，分隔休燈滅燭時。

……

（曲池）

上引詩句是離別之際的景象，雖說是景象，卻隱入無形的音響中，化爲休燈滅燭時光影明滅的節奏。根據《新唐書·百官志》：「日暮，鼓八百聲而門閉。五更，二點鼓自內發，諸街鼓承振，坊市門皆啓，鼓三千撾，辨色而止。」鐘鼓是聲音爲時間作標點，是生存的斷限，模擬著人生最終的歸結。而宴會歡聚時的燈燭照亮了生事的歡愉，所以休燈滅燭既宣示了歡樂的終止，也預示了終將來臨的死亡。總之時間的標點斷句，一再提醒我們生存的極限。

「急鼓疏鐘」以聲音宣告佳會無望，「休燈滅燭」則以光影標示疏離分隔的情境。分合之間詩人點出節奏的急促，以類比心理時間的迫促。短暫而且有限的時間藉外在光景的標示，形成詩人生存經歷的壓力。燈燭鐘鼓是視覺想像所可寄託者，但詩人並未讓讀者的想像停駐凝結，反而經由否定詞的隔斷休滅，在時間的流程裡使形象由顯而隱，由存有而虛無。視覺形象的存沒成毀，是想像由造型進入音樂，由空間的黏滯而遁入時間的流動的契機。

將我們的想像引入未來，不可知的未來必須以時間的歷程爲脈絡。其所牽引的想像之流，因爲否定詞的標點作用而產生促人反思自身存在的功能。生存的極限是焦慮的基因，不可知的未來逼出了詩人珍惜當下之愛，以及跨越孑然此身的思慕。

看山對酒君思我，聽鼓離城我訪君。
臘雪已添牆下水，齋鐘不散檻前雲。
陰移竹柏濃還淡，歌雜漁樵斷更聞。
亦擬村南買煙舍，子孫相約事耕耘。
（子初郊墅）

義山善以空間的標點，敷衍時間的想像。看山對酒不僅拉開視域，而且反映出主人的孤寂獨對。而鼓聲的介入使生存的界域更爲遼闊，也更爲疏遠。臘雪不僅點明了時間的刻度，更因漸漸漫起的水線，將時間的流歷形象化。徒然吟歎生命的流逝已非詩人的主題，一個超乎生命倏短的生存境界，所以無形流波的鐘聲竟然驅不散檻前的雲影，時間的流動彷彿已經凝結。可見的竹柏陰影由濃而淡，無形的漁樵歌呼斷續隱顯，生命未能稍息的流離，詩人將之歸宿到買舍村南。生命在流離的無奈裡，爲否定當下想像的力量超度此身而寄於人倫之樂中。鄉愁不只是懸念曾經出生的家園，更是嚮往著生命最終的歸宿。

子孫相約事耕耘，標示著生命意義最終的歸宿。生命最終的理想帶領我們離開現實的居所，憧憬遠方生命的歸鄉，而生命的鄉園並非虛無飄邈之事，所以詩人將記憶深處最動人的起居住所，重新編織入夢。雖然說訪舊憶往，其實是漸行漸遠的別離，最後導向出離凡俗，隱入田園山林的歸鄉。否定詞便在詩人生命的出入顯隱之際，標示生命的趨趣歸向，解脫了幽囚自閉的困頓。

【註釋】

[1]李賀藉編織庭園景物爲意義的圖畫，有〈金銅仙人辭漢歌〉的片斷爲例：「茂陵劉郎秋風客，夜聞馬嘶曉無跡。畫欄桂樹懸秋香，三十六宮土花碧。」已逝的帝王，已荒的宮苑，是這幅構圖的特色，正可反映語言的表意特質。帝王終於躲不過死劫，「茂陵」是武帝埋骨之地，難免一死的劉徹，也不過如同肅殺秋風裡一片落葉，生命最後的歸宿猶與草木同腐。漢武巡遊仗馬，威風顯赫。一切歸於塵土，在曉夢迷離之際，雕樑畫棟規模猶存，昔日活躍其間的英雄美人，才子佳人，卻只縈繞腦際，飄緲如記憶裡的一縷幽魂。

[2]杜牧亦有藉庭臺樓閣，追懷往昔之作。我們不妨以《樊川別集》中詠綠珠事的〈金谷園〉詩作爲上述詩句的參照說明。「繁華事散逐香塵，流水無情草自春，東風日暮怨啼鳥，落花猶似墮樓人。」庭臺樓閣實爲古人主要的生存領域，這首〈金谷園〉在傷春懷古中，蘊含一段綠珠墜樓的傳奇。金谷園故址在河南洛陽西北，是西晉富豪石崇的別墅。繁華富麗，盛極一時。園中的人事早已走進歷史，繁華的景物寄託於想像，剩下的只是一片荒園供人憑弔。

石崇把沉香屑成細細的粉末，佈撒床上，令所愛者踐之。體態輕盈不留痕跡的，賞賜眞珠百琲。姬妾爲了爭寵討賞，競相節其飲食，令身輕弱。石崇的侍妾美豔者數千人，論美貌、歌舞和才華，誰是石崇的最愛？據小說家的記載，恐怕妙別玉聲、巧觀金色又擅於文辭的翔風名列第一，所以石崇曾指名要她殉葬。但是綠珠的身價和墜樓的慘烈，掩蓋了金谷園中的數千佳麗。

綠珠美豔，能笛善舞，是石崇任交趾採訪使時，以三斛（十斗爲一斛）眞珠的高價買下。石崇的豪侈驕奢當然藏不住綠珠的美麗，孫秀垂涎，強索不得，「…遂矯詔收崇及潘岳、歐陽建等。崇正宴於樓上，介士到門。崇謂綠珠曰：『我今爲爾得罪。』綠珠泣曰：『當效死於官前。』因自投于樓下而死。」未幾，石崇的母兄妻子無論少長皆被害，死者十五人。「非綠珠無以速石崇之誅，非石崇無以顯綠珠之名」。誰是災星？誰是禍首？人們理不清石崇與綠珠間的恩怨是非，卻惋嘆綠珠的綺年玉貌如何地香消玉殞，更想一窺窮奢極慾的豪門秘辛。而這一切都曾在金谷園中凝聚、消散。於是金谷園的形象遂成爲詩人想像之寄託。

[3]隱居輞川的王摩詰亦是深得箇中三昧之人，且看：「吹簫凌極浦，日暮送夫君。湖上一回首，青山卷白雲。」（欹湖）蕭聲一開始就把想像的疆域拓得極開，使無論居住在何等複構中的人都可分潤逍遙。「獨坐幽篁裡，彈琴復長嘯。深林人不知，明月來相照。」（竹里館）王維不僅借助音響的韻律作逍遙遊，更藉不爲人知的否定，釐清生存的拘束偏執，遂直契於普照的月光，而獲更高的超昇。這是從音響對視覺的否定，在反出對音韻的執著，返迴遍在普照的常寂。「木末芙蓉花，山中發紅萼，澗戶寂無人，紛紛開且落。」（辛夷塢）在隱居的否定中，王維進而以否定詞解脫了物我相對的偏執

局限，花開花落本是眼前繁華，卻因先否定了觀花之人的相對存在，遂使空山中，樹梢的芙蓉花兀自盛開著。喧嘩山澗旁的小屋空寂無人，盛開的芙蓉就在這幽谷、響川、空屋之間，自在地開落，而隱者的生命亦如繁花，自在開落。

[4]「攜盤獨出月荒涼，渭城已遠波聲小。」（金銅仙人辭漢歌）李長吉的結句正把握到這層否定視覺想像的力道，生離死別的情境裡，金銅仙人孤獨在無情的月影下，走出迢迢路遠的荒涼，城北渭水漸遠，波聲漸小。猶如神話虛擬的別離，城與銅人的情絲於歷史的虛空中，逐漸飛迴繚繞，纏綿氾濫。

第四章　遠　　遊

詩人的視域在否定詞的層層催逼之下，走出孑然一身，走出居室，更走出了小小的庭園，來到京都的通衢，甚至走出帝都。流放江湖之後，仍然忍不住登上郡縣城樓，頻望京極。

帝都雖然是詩人的異鄉，但是卻又成爲詩人一生懸念的歸鄉。因爲士人的生命意義繫於他在權力網絡中的定位，到京師求取最高的科名是他念茲在茲的人生目標，此即生命最高的理想，人生最高的價值。詩人遠遊的兩極皆與他的鄉愁有關，爲了求取功名而遠離家鄉，這是第一層鄉愁。求取功名不得意，落拓江湖而遠離帝京，這是第二層的鄉愁。而第二層鄉愁猶甚於第一層也。

第一節　帝　　都

京師恐怕才是士大夫眞正心靈的故鄉，許多鄉愁爲此而生，更多離情在此縈迴，杜甫[1]、李商隱皆有許多詩作以此爲題，纏綿不去。曲江在唐開元中疏鑿爲勝境，花卉環周，煙水明媚，公卿大夫之家於江頭立亭館，以時追賞。[2]曲池即曲江，康駢《劇談錄》曰：「曲江池本秦隑州，開元中疏鑿爲勝境。其南有紫雲樓，芙蓉苑。其西有杏園，慈恩寺。花卉環列，煙水明媚，都人遊賞盛於中和、上巳二節。」[3]

曲江位於長安城的東南角，有一系列的風景名勝，這裏地勢起伏較大，低處爲形似葫蘆的小湖泊，由於水面彎曲，故名曲江池，簡稱曲江。湖中碧波蕩漾，荷香滿塘。湖東地勢較高，即芙蓉園，花木扶疏，多亭臺樓閣，最宜登高遠眺。西面有花木茂長的杏園，唐代新中的進士們要在這裏舉行宴會，然後遊覽曲江，在慈恩寺內的大雁塔上題名，劉滄的〈及第後宴曲江〉：

及第新春選勝遊，杏園初宴曲江頭。

紫毫粉壁題仙籍，柳色簫聲拂御樓。

……

正是描寫進士及第，宴遊曲江的情景。漢朝時，這一帶叫樂遊園，亦稱樂遊原。因此，唐人詩歌中，常吟詠的樂遊園，樂遊原、芙蓉園、曲江等，都是指這一帶的遊覽勝地。從曲池再迴顧京城，如上引義山〈曲池〉詩曰：

迎憂急鼓疏鐘斷，分隔休燈滅燭時。

根據《新唐書·百官志》：「日暮，鼓八百聲而門閉。五更，二點鼓自內發，諸街鼓承振，坊市門皆啓，鼓三千撾，辨色而止。」惜別是此詩的主題，所以標示生命流程的時間刻度特別重要。鐘鼓是聲音爲時間作標點，是生存的斷限，模擬著人生最終的歸結。於此我們再度印證了前文的推論，詩人以家室之中起居所見所知之物爲媒，引渡內心難言難宣之憾。宴會歡聚時的燈燭照亮了生事的歡愉，所以休燈滅燭既宣示了歡樂的終止，也預示了終將來臨的死亡。因此鐘鼓之聲也是曲江送別不可少的形構元素。同時因爲它們是音響性元素，格外具有深遠的影響。如此複雜的構圖，無非爲了點染詩人深沉的惜別之情。因爲生命的旅程無奈地遷流，不爲任何人稍停。

時間與音響的類比經常出現在義山詩中，尤其詩人要表達生命的流徙與疏離之際，音樂，時光，生命之旅，三者的類比更爲清晰：

看山對酒君思我，聽鼓離城我訪君。

臘雪已添牆下水，齋鐘不散檻前雲。

……

（子初郊墅）

無事經年別遠公，帝城鐘曉憶西峰。

……

（憶匡一師）

上述詩句都可以輔證我們的說法。此外與音響同具時間的綿延特性者，乃帝都所蘊涵的歷史記憶。帝京一磚一瓦都別具深意，滲透人生。例如：

紫泉宮殿鎖煙霞，欲取蕪城作帝家。

……

（隋宮）

根據司馬相如《上林賦》所謂：「丹水更其南，紫淵徑其北。」上林指京師，紫淵意同。又見鮑照過廣陵（揚州）見故城荒蕪而作之《蕪城賦》，後人乃以蕪城爲揚州之別稱。

此聯二句是說隋煬帝南幸江都，荒淫更甚。中原大亂，帝無心北歸，而欲徙都江東之事。透過歷史所通觀的時間之流，遠遊的惜別遂更加意味深遠。因爲生命的長度通貫於更久遠的歷史之中，人生的憾恨孤絕相形之下也更深刻。

所以帝都作爲遠遊懸念的焦點，不僅是繫於其所代表的「得意」或「失意」[4]，京師的建築群與起居注，包涵著超越一己生存境界的深廣歷史意義，因此得以引渡困守家園的詩人，在雙重的鄉愁裡暫且自安於遷徙流寓的失意不遇。

上述乃隋之京師。唐代長安又如何呢？唐代在中外經濟和文化交流上，均有很大的發展。在官方努力推展貿易的政策下，尤其長安這個政治、經濟和文化中心，當然成爲中外文化交流最重要的都市。各國使節、權貴、留學生、商人、僧侶、樂工、畫師和舞者，聚居長安，彼此交往，長安不僅是全國第一國際性大都市，也堪稱全亞洲最繁榮的國際都市。其實自北周以來，中亞僑民在長安的人數便日漸增多。唐朝初年，流寓長安的各族僑民，以突厥人最多。西元六一三年，東突厥平定後，遷居長安的突厥人已近萬家。此後西突厥和中亞各族人民更有成批遷居長安的。長安成爲各族人民聚居之所，在長安城一百萬總人口中，完全華化穿著唐式服裝和漢人混居的外國商人，在二千人以上。[5]這些來華經商的外人，唐人多稱爲「商胡」。「商胡」貿易的內容，以香藥、珠寶、馬匹等商品爲主。長安城的商業區集中在城內東部的東市和西部的西市，市內有寬達三十米的街道，商店就開設在街道兩旁。酒店的分佈不只在胡店雲集的西市，長安城東的道政坊，東出爲春明門，是進出長安的要道。道政坊緊臨長安的東市，東市又比鄰長安的「風流藪澤」——平康里。據王仁裕的《開元天寶遺事》曰：

> 長安有平安坊，妓女所居之地，京師俠少，萃集於此。兼每年新進士，以紅箋名紙，遊謁其中，時人謂此坊爲風流藪澤。

又孫棨的〈北里志序〉曰：

> 京中飲妓，籍屬教坊。……諸妓皆居平康里。舉子、新及第進士、三司幕府，但未通朝籍未直館殿者，咸可就詣。……[6]

臺靜農先生在〈論唐代士風與文學〉一文，說：「……武后以後，繼承之君，甄選人才，均以進士科爲主，從此社會不復重視明經，而讀書人的觀念及社會風氣，因之大爲轉變。……進士既以詞科出身，而不出於經術，於是舉動浮華，放蕩不羈，出入妓院，以爲風流，遂致以娼妓生活爲文學主題，雖大詩人若李白、李商隱、杜牧皆不能免此。……倡妓既成爲唐代文士生活的一部分，故唐代文士表現於文學方面的浪漫情調，大都是娼妓生活的反映。由於唐代特重進士科，使文士與娼妓形成了極密切的關係。」[7]

從上引資料來看，唐代的文士在宴飲聚會中召妓侑酒，文人舉子進出妓院，是在社會風氣的許可和鼓舞下進行的。挾妓遊宴，造訪平康，尙不爲過，那麼進出胡姬酒店，恐怕更不足怪。尤其對於善飲、好飲的詩人來說，或者送別餞行之需，或者純爲尋找醇酒佳釀，都很難錯過胡姬當壚的酒店吧！

我們再從地緣上稍作考察，不難發現：一進春明門，從道政坊銜接東市緊鄰平康里；道政坊南鄰常樂坊，其中亦以販售美酒聞名京都；直往南行便是曲江遊樂處，這一大區域應是長安商業、休閒、娛樂的重心。岑參有好幾首送別詩都提到送別的地點——「春明門」，《全唐詩》卷一九九〈送宇文南金放後歸太原寓居，因呈太原郝主簿〉云：

……

送君繫馬青門口，胡姬壚頭勸君酒。

爲問太原賢主人，春來更有新詩否。

《仝上》卷一九九〈青門歌送東臺張判官〉：

青門金鎖平旦開，城頭日出使車回。

青門柳枝正堪折，路旁一日幾人回。

東出青門路不窮，驛樓官樹灞陵東。

花撲征衣看似繡，雲隨去馬色疑驄。

胡姬酒壚日未午，絲繩玉缸酒如乳。

昨夜微雨花成泥，黃鸝翅濕飛轉低。

……

《仝上》卷一九九〈送李副使赴磧西官軍〉：

火山六月應更熱，赤亭道口行人絕。

知君慣度祁連城，豈能愁見輪臺月。

脫鞍暫入酒家壚，送君萬里西擊胡。

功名祇向馬上取，眞是英雄一丈夫。

《仝上》卷二〇〇〈送陳子歸陸渾別業〉：

……

青門酒壚別，日暮東城鴉。

《仝上》卷二〇〇〈送羽林長孫將軍赴歙縣〉：

……

青門酒樓上，欲別醉醺醺。

《仝上》卷二〇一〈送嚴維下第還江東〉：

……

勿歎今不第，似君殊未遲。

且歸滄州去，相送青門時。

……

上引的六首詩，全爲送別而作。詩中提到的「青門」，也叫「青綺門」，《全唐詩》卷一七六載李白的〈送裴十八圖南歸嵩山〉也說：

何處可爲別，長安青綺門。

胡姬招素手，延客醉金樽。

「青綺門」也就是春明門。春明門是進出長安的要道，所以經常出現在送別的詩歌裡。而「青門酒壚」、「青門酒樓」又總是與「胡姬」並見，所以我們推斷，從春明門到曲江一帶多胡姬酒店，再結合東市的商店雲集，和平康里的聲色犬馬，幾乎可以勾畫出長安城燈紅酒綠、五光十色的輪廓。在這樣的歷史舞臺上，胡姬當壚，殷勤勸酒的曼妙身姿，流轉於大唐詩人的綺靡生活中，生動地閃現在騷人墨客多情的筆尖。

唐代的都城，是有宵禁制度的。首都長安當然也不例外，每天太陽下山後，擊鼓八百下，叫作「淨街鼓」。鼓聲停後，城內各坊就緊閉坊門，百姓必須留在家中，不准外出。街上有士兵巡邏，除非皇帝特許，否則私自夜行的人會被處以重罰。一年中，只有正月十四到十六這三天晚上例外。金吾弛禁，允許人們自由往來，百姓可以通宵達旦上街遊玩，觀賞各種燈火。

蘇味道所寫的這首〈正月十五夜〉是唐人描寫元宵的名作：

火樹銀花合，星橋鐵索開。

暗塵隨馬去，明月逐人來。

游伎皆穠李，行歌盡落梅。

金吾不禁夜，玉漏莫相催。

以人稱「摸棱宰相」的蘇味道任官處世的態度，結合這首詩歌所呈現的生命情調，其中的意趣頗堪玩味。這首詩是描寫長安城元宵之夜的景象。首句寫夜晚的燈光輝煌燦爛，與花樹錯落交織，四望如一，所以用一「合」字，形容這奇麗的夜景。這一夜暫不戒嚴，城門開了鐵鎖，任人通行，觀燈夜遊的人潮一波波地湧現，馬蹄下飛揚的塵土也隱沒不見。月光似乎追隨著人群，映照在每一個活動的角落。打扮得花枝招展的歌妓，在燈影月光的映照下穠豔無比，句中的「穠李」是用《詩經・何彼穠矣》的詩句：「何彼穠矣，花如桃李」形容婦女的容顏服飾之美，有如桃李一般。她們邊走邊唱著〈梅花落〉的曲調。負責禁衛的「金吾」雖然今晚不再執行宵禁，然而歡樂的時光總是那麼短暫易逝。轉眼良夜將盡，懷著無限眷戀的心情，希望時間就此凍結，讓今夜暫時停止吧！「玉漏」就是計時的鐘漏，請求計時的漏壺慢點滴吧！別讓歡樂的夜晚匆匆過去！這樣的期待似乎憨傻，卻道出了所有及時行樂的心聲。

及時行樂的心情或許是卑微的，但卻包含著一股深沉的悲情。對於混跡紅塵不能超凡入聖的芸芸衆生，無法承擔生命中莫測的未來，徬徨於孤危的人生，唯一能把握、唯一可信賴的只有當下一身，感官所能享受的一切。雖無儒家的神聖，也無道家的瀟灑，卻能道出小民的心聲。隨著詩歌展現的燈影月華，娓娓道出庶民的生活情味。

詩人崔液也寫了一組有關上元的詩歌〈上元夜〉，詳細地描摹元夜的燈景和遊人觀燈流連忘返的心情：

玉壺銀漏且莫催，鐵關金鎖徹明開。

誰家見月能閑坐，何處聞燈不看來。

（其一）

星移漢轉月將微，露洒煙飄燈漸稀。

猶惜路旁歌舞處，躊躇相顧不能歸。

（其二）

第一首的開頭二句，也是呼喚計時的鐘漏，別讓時間過得匆匆！看城裡各坊的大門，整夜都開放著，這樣美好的月夜，誰能閑坐虛度？到處都是觀燈的遊人呢！第二首是描寫銀河西移，月兒將落，夜深露重，煙霧飄飛，燈影漸稀。一夜的熱鬧即將淡出，觀燈的人卻還捨不得路旁的歌舞，互相猶豫著不想回去。這兩首，一寫喧鬧歡騰之景，一抒耽溺沉醉之情，把人們內心急於想抓住歡樂的衣裾，那種眷戀和焦灼之情，表達得淋漓盡致。

《全唐詩》第一百零一卷收錄了一首〈上元〉詩，作者是郭利貞，唐中宗神龍年間官拜吏部員外：

九陌連燈影，千門度月華。

傾城出寶騎，匝路轉香車。

爛熳惟愁曉，周游不問家。

更逢清管發，處處落梅花。

抒情寫景與前引蘇味道、崔液的作品相近，倒是三、四兩句「傾城出寶騎，匝路轉香車」，把當晚的車水馬龍再加著墨。

節慶最能展現都會的風華。有唐一代，帝都長安的元宵節慶屢在詩人的讚歎中，印證了長安的繁華富庶。燃燈之俗其實源自西域，唐人的風俗習慣頗受蕃胡影響，燃燈、賞燈便是其中之一。對於這樣的風俗唐人相當喜愛，並且蔚爲全民同樂的風俗。終唐之世，承平之日，未嘗中輟。中宗、睿宗、玄宗之世，臻於極盛。據載，唐睿宗先天二年正月十五、十六夜，於長安的安福門外，搭起二十丈高的巨大燈輪，用錦綺爲衣，飾以金玉，上面點燃了五萬盞燈，燦爛繽紛有如盛開的花樹。燈輪下環繞著錦衣華服，滿飾珠翠的宮女數千人，個個精心妝扮，於燈輪下踏歌三日夜。我們再看以下這兩首詩更能揣想當時的盛況，第一首是擅寫宮詞的詩人張祜的〈正月十五夜燈〉：

千門開鎖萬户明，正月中旬動帝京。

三百內人連袖舞，一時天上著詞聲。

前兩句對帝京長安的元夜有生動的刻畫。「動」字用得巧妙，好像整個城市都沸騰起來了。後面兩句正是描繪衆多的宮人，手牽手、袖連袖大型的歌舞實況，曼妙的樂聲響徹雲間，一時整個長安城的夜空似乎綴滿了歌聲。再看徐凝的這首〈正月十五夜呈幕中諸公〉：

宵遊二萬七千人，獨坐重城圈一身。

步月遊山俱不得，可憐辜負白頭春。

詩歌的主題，雖是嗟嘆自己「獨坐重城」，寸步難行，既不能玩月也不能遊山，對此良辰美景，只有扼腕太息。但是我們不妨留意他用來和「獨坐」對比的，是「宵遊二萬七千人」。回想十二個世紀前的長安，是唐代人文薈萃，經濟繁榮的第一國際都市，五方雜處，人口密集，節慶時的絢麗多姿，繁華之至，更是人們對帝都嚮往或懷念的起點。

備述了唐都長安的繁華之後，我們才能夠確立詩人鄉愁的原點與焦點。義山與唐代無數的詩人一樣，一生嚮往著京都的繁華壯盛，一旦經歷過這繁華，不管放逐到天涯海角，仍然全心全意思念著帝京。因此京都一年一度的歡會，若不能躬逢其盛，自是教人抱憾，我們看李商隱的這首〈正月十五日聞京有燈恨不得觀〉：

月色燈光滿帝都，香車寶輦隘通衢。

身閑不睹中興盛，羞逐鄉人賽紫姑。

頭兩句是想像長安元宵夜的盛況，月色燈光照亮整個帝都，車馬人潮把街道都堵塞了。詩人卻因爲閑居永樂而沒有機會看到長安的元宵的盛況，只好留在永樂和鄉人一起看迎紫姑神的賽會了。這一年是唐武宗會昌四年（西元844年），李商隱離開長安移居永樂（山西芮城縣）。移家的原因主要是爲母服喪，所以錯過了這樣的盛會。詩中除了對長安燈市的嚮往，同時還表達他對於國家振興的厚望。唐代從安史之亂後國勢漸衰，到唐武宗即位時，比起之前的穆宗、敬宗、文宗各朝，國家的聲威略有振興的趨勢。[8]尤其武宗對外打敗回紇，對內平定藩鎭叛亂，國家似有「中興」的氣象，所以詩人的遺憾不只是錯失佳節賞燈而已，詩句裡還有更深一層不能目睹中興的慨嘆。

上述詩句中的「中興」由「月色燈光滿帝都，香車寶輦隘通衢。」得以說明，否定詞「不」睹指謂的不是觀覽的機會，而是失意不遇的疏離與罣念。由此更加深了我們對視覺形象的重視，以及否定之妙用。帝都的佳節月圓盛會，月光照耀之下，香車寶輦所輝映的生命繁華光景，妝點出生命的巔峰。帝都月光下的盛會是詩人的虛構，而對於虛構的盛會的未睹與不遇，顯然不是單純的記事，而是詩人以否定的手法，藉虛構的否定創作出表意的絕妙媒介。

「不睹」京都的繁華盛會，其實道出了生存境遇的眞實的否定。若非流放遷逐的遠隔，詩人豈能不躬逢其盛？所以縷述對帝都的美好回憶之後，生命的現實是孤危的流放逆旅。

第二節　登　　臨

遠遊雖然有兩極，但是鄉愁的視域都有其凝望的城樓。生存在古農業帝國的疆域裡，生命的意義往往銷亡於日日庸庸碌碌的生計營謀之中。「登覽」則意謂生存視域的提升，而且也預設著人間地位的殊異。李商隱的〈安定城樓〉由聳起平野的崇高城樓起興，雖然表述爲登高覽勝之作，但卻不能不歸宿於生命臨界的感懷：[9]

迢遞高城百尺樓，綠楊枝外盡汀洲。

賈生年少虛垂淚，王粲春來更遠遊。

永憶江湖歸白髮，欲迴天地入扁舟。

不知腐鼠成滋味，猜意鵷雛竟未休。

（安定城樓）

郡城無疑是詩人感情的基點，所以我們應該回到古中國的平野，回到李商隱心靈曾經駐足的高點，重訂其謬悠之思的座標。根據《舊唐書・地理志》記載：「隋安定郡，武德元年……改名涇州。天寶元年復爲安定郡，乾元元年復爲涇州。」[10]詩人的流放之旅是遠離權力核心的帝都，卻又念念不忘返京之日的旅程，郡城標示著帝王權力的據點，是統治者權力網絡的節目，所以天子才能夠自帝國的京城監臨萬民，進而落實了「普天之下，莫非王土。率土之濱，莫非王臣。」（孟子・萬章上）的構想。身處權力網絡中的詩人，心繫其人生價值終極的權力京都，安定城樓上的李義山，心情迂迴曲折正不啻柔腸百轉。

一、迢遞高城百尺樓，綠楊枝外盡汀洲

單音獨體的中國文字，因其比類象物而蘊涵豐富的歷史意涵，所以我們可以先由金文「城」字之從口從回，象城牆圈圍之形，並具雙亭相望之形「𩫏」，而想像古城具備城垣與望樓，顯示對外防衛，對內監理之意。[11]城一方面確定了生存的領域，一方面封限住生存的疆界。

古中國的城市生活並非獨自任性的活著，而是承擔著統治者自上而下的監視。就古文字造型的依據而觀，其中彰顯著人間的權力關係。「城」的古字字形，在「口ㄨㄟˊ」或「回」的前後各有一個有角的瞭望亭，亭是城垣上監視內外的建築，具有防衛與統治的功能。城牆標誌著資源的集中，以及統治技術的成熟。

包括京城在內，古代的城垣劃分了統治階級與被統治階級，富有的階級與貧窮的階級。在古中國的疆域裡，城市最主要的功能是統治，而非作爲交易的市場。城不是孤立的，它還包含四周的農莊田舍。秦漢以下，統一的帝政維繫於遍佈帝國各地的縣城。「縣」就是「懸」，地方政府的統治權懸繫於中央，縣城是權力的集散地，在大一統的形構下，爲皇帝監控地方之民，聚斂四方資財。而政府貧弱之時，縣城可以撫輯流亡，生聚百姓。

根據戰國時代的文獻，「城」與「縣」往往通用，因不與京城接壤而懸繫於中央的城邑，謂之「縣」。[12]縣字也顯示

著巨大的眼睛，高懸在庶民的生存之上監臨著衆生。從《水經注．河水注》引《十三州記》所載：「郡之言君也，改公侯之封而言。君者，至尊也，郡守專權，君臣之禮稱崇。今郡字，君在其左，邑在其右。君爲元首，邑以載民，故取名於君，謂之郡。」可知封建貴族權力式微，中央帝權伸張，郡守由天子甄補，聽命中央。郡即帝權所在的邊區大城。[13]郡縣代表著帝王統治權的臨在，登臨邊郡的高城，權力的聯想因物理的高度而繃緊，生存的臨界感遂怦然動心。

義山所登臨的安定城樓絕非泛泛，自百尺城樓眺望自身生存的界域，越過城外水畔的綠楊，看見更遠的洲渚，原爲古代人文景觀的素描。參考《管子．度地》所提出建城的原則：「鄉山左右，經水若澤。」城外爲郊，郊外爲野。[14]透過詩人的視線，我們重溫了古中國的地理，但是「盡」字彷彿爲詩人的視野劃下虛擬的界線。視野的虛擬界線，正是想像開始馳騁的起點。矗立山水間的郡城，城與郊野組織著人生的涵意，郡縣遙想的帝都更網羅了詩人生涯的所有一切。〈安定城樓〉自始就從外在的郡城郊野，爲這首詩標定了想像的起點。在這個基本格局裡，我們由詩人那裡得到生存界域的啓迪，也是這首詩詩意的出發點。[15]

……

張蓋欲判江灩灩，迴頭更望柳絲絲。

……

（曲池）

江畔的柳絲並非孤立的靜物，江波灩灩迴向月中流豔，垂柳絲絲娉婷獨異衆香。須知江是郡城外離別遠遊之地，柳是見證這離情的歷史背景，「子在川上，曰：逝者如斯，不舍晝夜。」（論語·子罕）滔滔逝水既類比歲月流光之一去不返，也啓示著漠然無情的永恆形象。詩人寄寓無限愁緒的垂柳：

曾逐東風拂舞筵，樂遊春苑斷腸天。

如何肯到清秋日，已帶斜陽又帶蟬。

（柳）

絲絲垂柳實帶出了詩人的宛轉離愁，以及身世坎坷之自傷自憐，詠柳即詠懷也。但是詩人同樣也能抽回深寄的情感，藉柳詠出一段漠然無情：

永定河邊一行柳，依依長發故年枝。

東去西來人情薄，不爲清陰減路塵。

（關門柳）

人間歲月川流，垂柳卻依依長發故年枝，標示著超然歲月的存在者。詩人雖歎人生因奔忙庸碌而情轉薄，其實卻映現了深情的無助。深情無用，行人遂不顧清陰，兀自漠然奔忙而去。

安定城樓遙望江畔依依柳絲，即使詩人滿心不願，終究必須張帆而去，雖然終於離去仍依依迴望灩灩江波外，楊柳絲絲之江岸。自百尺城樓眺望自身生存的界域，越過城外水畔的綠楊，看見更遠的洲渚，原爲古代人文景觀的素描。楊柳與逝川具體的存在虛擬著生命的界線。視野的虛擬界線，正是想像開始馳騁的起點。矗立山水間的郡城，城與郊野組織著人生的涵意，郡縣遙想的帝都更網羅了詩人生涯的所有一切。〈安定城樓〉從外在的郡城郊野，爲詩人標定了想像的起點。曲江邊依依迴柳則轉換了凝望的觀點，詩人的流放在張蓋迴首之際展開。

二、賈生年少虛垂涕，王粲春來更遠遊

安定城樓與郊野是詩人構思的地理座標，賈誼王粲則成爲李義山生存反思的歷史地標。《史記·屈原賈誼列傳》曰：「屈原至於江濱，被髮行吟澤畔。顏色憔悴，形容枯槁。……曰：舉世混濁而我獨清，衆人皆醉而我獨醒，是以見放。」形容枯槁的屈原行吟澤畔，[16]使我們的想像得以接續那綠楊枝外的一片汀洲。城外郊野的澤畔是詩人的流放之地，也是詩人生命意義反思的起點。

澤畔屈原與漁父的問答正是放逐於價值核心之外，重訂生命意義的辯證：「漁父曰：夫聖人者，不凝滯於物，而能與世推移。舉世混濁，何不隨其流而揚其波。衆人皆醉，何不餔其糟而啜其醨。何故懷瑾握瑜而自令見放爲？」(同上)漁父不滯於物的提點，以人海浮沉爲喻，可以說爲流放的生命找到不遷的住地。[17]但是屈原卻未爲所動，因爲他將生命的意義寄寓於身體形象上：

「屈原曰：吾聞之，新沐者必彈冠，新浴者必振衣。人又誰能以身之察察，受物之汶汶者乎？寧赴常流而葬乎魚腹中耳，又安能以皓皓之白而蒙世之溫蠖乎？……於是懷石，遂自投汨羅以死。」屈原不能超越身體形象的局限，他的卓

絕不群與孤芳自賞，全然顯現於身體形象披露的清白與清醒之上。對於屈原固執不化的身體形象，死亡是唯一的出路。屈原生死的故事，正是賈生垂涕的原委。各家多以《漢書》所引賈誼〈陳政事疏〉所言：「臣竊惟事勢可爲痛哭者一，可爲流涕者二，可爲長太息者六。」爲此處垂涕之本。其實揆諸《史記·屈原賈誼列傳》：

「賈生既以適居長沙，長沙卑溼，自以爲壽不得長，傷悼之，乃爲賦以自廣。……縱軀委命兮，不私與己。其生若浮兮，其死若休。澹乎若深淵之靜，氾兮若不繫之舟。……賈生自傷爲傅無狀，哭泣歲餘亦死。」賈誼垂涕何止一時一地，上〈陳政事疏〉的可爲流涕，豈能重於哭泣歲餘而死？賈誼自喻「若不繫之舟」，如同屈原執著身體形象的鬱悶，充分感受到流放的孤危。因此城郊野渡不繫的「孤舟」，成爲詩人喻志的載體。王粲《登樓賦》:「雖信美而非吾土兮，曾何足以少留？」同樣表達了脫離生命價值的網絡，逐臣浪跡天涯的空虛無聊。[18]箋評者多推崇〈安定城樓〉直追杜詩，對照杜工部：

細草微風岸，危檣獨夜舟。

星垂平野闊，月湧大江流。

名豈文章著，官應老病休。

飄飄何所似？天地一沙鷗。

（旅夜書懷）

存在的視域從細草，因風輕而動微的細草，點染出一灣江岸，岸泊峭直的危檣，檣因孤舟夜泊的寂寞而危。覺察孤危乃因張眼宏觀，宏觀及於天地星月川野的平闊垂靜與巨流湧動。「名豈文章著，官應老病休。」以否定的方式劃下了生命應該超越的界線，功名不是生存價值的歸宿，身體形象的消亡是勘破功名的契機，遂使老杜進而點出超越孤危的「物化」之道：「飄飄何所似？天地一沙鷗。」屈原賈生終因困守孑然一身的清絕點埃，毀於戰戰兢兢的危情，不能物化以超生。老杜獨能以物化飄遊爲歸宿，開顯人生新境。城郊野渡，江湖孤舟，天地鳥迴，逐臣之自喻已經可以尋繹出一種抒情的典型方式。

三、永憶江湖歸白髮，欲迴天地入扁舟

上述的抒情典型尚待進一步的演繹，我們同樣可以在杜甫的抒情典範中，完成詩的詮釋。「孤舟一繫故園心」（杜甫：秋興八首）寫逐臣遙想帝都的生命鄉愁，「江湖滿地一漁翁」（同上）寫流寓之「託不得已以養中」，「白頭吟望苦低垂」（同上）寫孑然一身所封限的生命，「萬古雲霄一羽毛」（杜甫：詠懷古跡五首）則寫此身物化對生存界限的超越。

上述的要素一一呈現於〈旅夜書懷〉之中，「細草微風岸，危檣獨夜舟。」寫城與野的相對與相屬，寫帝都是逐臣背離與歸向的起點與終點。縣城郊野不繫孤舟，釐定了畫幅的左右。鄉愁把橫幅拉得超越了畫的框線，「孤舟一繫故園心」引導無邊的想像。「星垂平野闊，月湧大江流。」調動讀者宏觀的想像，同時自天地的宏觀返照詩人孑然此身立足之處，形構「江湖滿地一漁翁」互動的宏觀焦點與微觀焦點。

「名豈文章著，官應老病休。」將平面畫幅的想像引渡進入人間歷史的通觀之流裡。詩人是乘著流放的孤舟，虛懸一片鄉愁，渡入歷史的長河，尋找更高明更深遠的生命歸宿。但是如果詩人不能捨卻身如孤舟的想像，疑懼縱浪大化的無私，不免踵屈賈而日夜消亡。「飄鳥」的隱顯象徵生命的封限或超越。從「孤舟」到「飄鳥」，詩作意境的高下立判。

江湖是逐臣生命當下的安頓，此所以人曰「永憶」之故。「永」字既將生存的引渡進入永恆，也呼應著滿地江湖的漂流。所以〈安定城樓〉的五六兩句，以「江湖」「白髮」「天地」「扁舟」爲元素，藉「憶」「迴」「歸」「入」的行動重組了「孤舟一繫故園心」「江湖滿地一漁翁」上下縱橫的畫面。永憶生命意義座標的鄉愁，因孑然此身的衰病所斷限的，永恆歸宿的嚮往，寄託於未繫之孤舟的浪跡天涯，此即李義山深得杜工部「飄飄何所似，天地一沙鷗」之旨者。孤舟不繫，浪跡天涯，彷彿深味於逍遙，其實正因詩人無法解脫身體形象的執著，於故園永憶於心，於孤絕未能釋懷。義山雖能藉《莊子·秋水》以明志，但未必深契逍遙無己之旨。[19]

四、不知腐鼠成滋味，猜意鵷雛竟未休

李商隱在幾首主要的詩作中直引《莊子》原典，《莊子》之於義山應有無法取代的重要性。自《莊子·秋水》所言：「夫鵷雛，發於南海而飛於北海，非練實不食，非醴泉不飲。於是，鴟得腐鼠，鵷雛過之，仰而視之曰：嚇。」讀者可以想像義山自比鵷雛，潔己以進，不苟流俗，故曰「不知

腐鼠成滋味」也。此不知實已知之，且爲評價之知。鄙視鴟鳥知見之卑下，反曰己之無知，其實乃以自身潔身之好，不値他物之所爲，此豈眞莊生本心乎？

鴟鳥不知鵷雛，猶如「朝菌不知晦朔，蟪蛄不知春秋。」（莊子・逍遙遊）這是生存視域的局限所致。生存視域的格局繫於人的認知與評價，此即《莊子・齊物論》所言：

「古之人其知有所至矣，惡乎至？有以爲未始有物者，至矣，盡矣，不可以加矣。其次以爲有物矣，而未始有封也。其次以爲有封焉，而未始有是非也。是非之彰也，道之所以虧也。道之所以虧，愛之所以成。」具有評價意義的認知判斷一直出現在《莊子》內篇之中，「至知」「眞知」也一直是《莊子》內篇的論述要點。以此段引文觀之，至知應與「至人」相關，《莊子・逍遙遊》曰：「聖人無名，神人無功，至人無己。」最高的智慧即在此層層否定的歷程之後達到。至知以爲「未始有物者」，是最徹底的否定，既然無物存有，則何來物我之分，以及是非之辨呢？

鴟之愛其腐鼠，固然爲莊生所笑，鵷雛之愛練實醴泉，豈非愛是而惡彼乎？豈非道之所虧乎？鵷雛去彼取此，亦爲生存視域的封限，同爲知之下者。此即「知效一官，行比一鄉，德合一君而徵一國者。」（莊子・逍遙遊）

鵷雛「不知腐鼠成滋味」，其所以「遊」者，猶義山「欲迴天地」之孤舟也。同以舟爲喻，義山之孤舟雖迴遊江湖，豈可遽擬爲莊生浮於江湖？《莊子・逍遙遊》曰：「夫子固拙於用大矣。……今子有五石之瓠，何不慮以爲大樽而浮於江湖？而憂其瓠落無所容？」然而心繫京師，滿載鄉愁之孤舟，絕非莊生「樹之於無何有之鄉，廣漠之野，彷徨乎無為其側」之逍遙遊也。

「子曰：道不行，乘桴浮於海。」（論語·公冶長）義山以鵷雛自喻，「欲迴天地入扁舟」此皆執著於「有物」而有所不能忘也，義山此詩乃念念於功名，繫心於自我，懸念於人生者也。義山雖引《莊子·秋水》以言志，其實乃《詩經·邶風柏舟》之餘緒，[20]而未契逍遙之旨也。不繫之舟其實正言其求一繫而不可得也。永憶江湖，欲迴天地，皆柏舟詩人「耿耿不寐」「寤寐有摽」之共鳴也。

五、安定城樓上的不安

回顧李義山的「迢遞高城百尺樓，綠楊枝外盡汀洲。」形成一幅郡城與郊野的圖畫，這幅畫由高大的城樓與城外平鋪的郊野定出基本的視域，再由綠楊所點染的光彩為其著色。由高樓望出城口，以至綠楊及綠楊枝盡處，更遠處一片汀洲。這一幅由近及遠，由高而下的視線流轉，以文字為畫筆，藉自我的記憶將歷時的動線織為共時的畫面。

城郊川野並非外在景物的複製，而是詩人充滿寓意的創作。詩人的寓意在於由物象之布局，反照我身之所存。真正的主題不在景物的鋪陳，而在於觀物者我之所遇。城與郊野自古代社會與國家的脈絡觀之，隱伏一條權力關係的線索。所以下聯進入歷史的類比之中，將生存意價值的省察帶入不可見的景深。

「賈生年少虛垂涕，王粲春來更遠遊。」藉兩樁歷史事件，點出詩人的感懷。賈誼在《史記》中與屈原同傳，兩人皆爲懷才不遇的典型，而且都因爲「身之察察」，而不能受「世之汶汶」，最後齎恨而沒。賈誼與王粲又皆以其身世經歷，點明了逐臣永懷帝鄉之思。由此詩人在城郊川野的背景裡，以賈生王粲的史事牽引出原本隱伏的權力線索。賈誼在長沙所泣念者，亦即王粲登樓所吟望者，此皆逐臣之懸念帝鄉也。

然而義山並非賈生王粲，時應王茂元辟，入涇原幕，登安定城樓者終非懷沙服鳥之逐臣，歷史事實的重現乃基於詩人想像的虛構，因其爲虛構故詩人之志得以闡明。詩人之志即在於「永憶江湖歸白髮，欲迴天地入扁舟」也。江湖天地與白髮扁舟繪成一幅比城郊川野更遼闊的畫面，而憶歸與迴遊的意圖抒寫了詩人追懷古詩人的情愫，潔身自愛，不苟於世，心繫帝都，懷才不遇，實詩人無可奈何之宿命。既知賈生枉負高才「虛垂涕」，雖年少卻已知「道不行，乘桴浮於海」，孤舟不繫之漂迴，實一往深情虛繫於帝都／故園而耿耿不寐也。

屈原行吟澤畔所遇之漁父，實深契莊子「至人無己」之旨，而明於逍遙江湖之道。屈原之自沉汨羅，義山之不知腐鼠成滋味，皆因潔己以進而不能隨遇而安，於是更彰明其高潔，益深重其遭遇之不幸也。詩人綿歷千載之悲情自是更爲凝練，遂成此登樓之作也。

第三節 相　　思

詩人從外在的際遇反歸自身的孤絕，由反思自身生命的意義而期待他人的情志感通，超度生存的局限，開顯生命的意義，可以說是這些惜別之詩的根本。由惜別之情發端，隨著人際逐漸疏遠，相思之情更深，遂敷衍出訪隱、憶往、悼亡之詩。

一般詩評多以義山「豔情」詩獨爲一類，本文則將其繫於相思惜別之詩。本文的著眼點在於情感行進的路線，以及生命超昇的境界，所謂豔情詩，其形構與一般人倫之情的抒寫詩作不同的地方，只在於對象的差別，亦即所思慕者是情人，朋友，或是親人而已。無論是經久纏綿的情婦，或是一晌貪歡的遊女，作爲戀愛思慕的對象，成爲豔情之作的主角則無不同。此皆因其不捨之無奈而歸諸惜別相思之詩。因此本章將在詩人期求人際感通的基本情愫之上，隨著時空距離的深廣，鋪陳其惜別、豔情、訪隱、憶往、悼亡諸詩作。

一

日下繁香不自持，月中流豔與誰期。
迎憂急鼓疏鐘斷，分隔休燈滅燭時。
張蓋欲判江灩灩，迴頭更望柳絲絲。
從來此地黃昏散，未信河梁是別離。
（曲池）

曲池即曲江，李商隱這首〈曲池〉爲宴集惜別之作，且不論惜別者何人，詩人於繁華歡宴之後抒寫惜別之情，則確實不虛。惜別之離情興於人生流離，此身若寄之慨。在疏離孤危的際遇之中，詩人深思此生的意義，而人生的意義繫於人際的感通，此所以離情別緒，相思憶往成爲詩人創作的主題。

日下繁香不自持，月中流豔與誰期。

六朝人多以「日下」稱京師，一二句言京師繁花衆香襲人，令人難以自持。水光瀲灩如月中流豔，人在江畔期待佳會。

日下繁香營造了讀者想像的空間，描繪日光下可見的想像媒介。月中流豔則因爲月之昇沉圓缺，內涵著時間的流逝。流波瀲灩不止於可見的光景，更深繫於歲月年光的流逝。首句「不自持」中的否定詞，使讀者持守的視覺形像瀕於瓦解。次句流波帶來時間的想像更反出空間的想像，指向不可預期的未來。

今人或認爲「不自持」指自身難以自禁之情，「與誰期」則寫出詩人的期待。[21]如此「日下繁香」與「不自持」頓成兩截，若無法證明詩人可以持此衆香，則日下繁香與詩人的難以自持豈非雜湊成句？而詩人又與誰能期此月中流波？

詩人固然可以藉寫景以自寓情志，但是若將日下繁香與月中流豔比擬爲人，假藉身體形象的成毀，以及人際期約的有無，啓發讀者對惜別場景的想像，或許更能契合詩人全詩的布局。驟然將詩人主體自身代入，卻未交待情景相融相即的關鍵，恐生支離牽縫之患。

迎憂急鼓疏鐘斷，分隔休燈滅燭時。

根據《新唐書·百官志》：「日暮，鼓八百聲而門閉。五更，二點鼓自內發，諸街鼓承振，坊市門皆啓，鼓三千撾，辨色而止。」鐘鼓是聲音爲時間作標點，是生存的斷限，模擬著人生最終的歸結。而宴會歡聚時的燈燭照亮了生事的歡愉，所以休燈滅燭既宣示了歡樂的終止，也預示了終將來臨的死亡。總之時間的標點斷句，一再提醒我們生存的極限。

三四句急鼓疏鐘以聲音宣告佳會無望，休燈滅燭則以光影標示疏離分隔的情境。分合之間詩人點出節奏的急促，以類比心理時間的迫促。短暫而且有限的時間藉外在光景的標示，形成詩人生存經歷的壓力。燈燭鐘鼓是視覺想像所可寄託者，但詩人並未讓讀者的想像停駐凝結，反而經由否定詞的隔斷休滅，在時間的流程裡使形象由顯而隱，由存有而虛無。視覺形象的存沒成毀，是想像由造型進入音樂，由空間的黏滯而遁入時間的流動的契機。[22]

此聯繼上聯的場景，將我們的想像引入未來，不可知的未來必須以時間的歷程爲脈絡。一連四句牽引的想像之流，因爲否定詞的標點作用而產生促人反思自身存在的功能。生存的極限是焦慮的基因，不可知的未來逼出了詩人珍惜當下之愛，以及跨越孑然此身的思慕。

張蓋欲判江灩灩，迴頭更望柳絲絲。

江波灩灩迴向月中流豔，垂柳絲絲娉婷獨異衆香。「子在川上，曰：逝者如斯，不舍晝夜。」（論語·子罕）滔滔逝水既類比歲月流光之一去不返，也啓示著漠然無情的永恆形象。[23]詩人寄寓無限愁緒的垂柳，「曾逐東風拂舞筵，樂遊春苑斷腸天。如何肯到清秋日，已帶斜陽又帶蟬。」(柳)垂柳帶出了詩人的自傷，詠柳即詠懷也。但是詩人同樣也能藉柳詠出一段漠然無情：「永定河邊一行柳，依依長發故年枝。東去西來人情薄，不爲清陰減路塵。」（關門柳）人間歲月川流，垂柳卻依依長發故年枝，標示著超然歲月而兀然獨存者。詩人雖歎人生因奔忙庸碌而情轉薄，其實卻映現了深情的無助。深情無用，行人遂不顧清陰，兀自漠然奔忙而去。

詩人終究必須張帆而去，仍依依迴望灩灩江波外楊柳絲絲之江岸。楊柳與逝川具體的存在虛擬著生命的界線。視野的虛擬界線，正是想像開始馳騁的起點。[24]矗立山水間的郡城，城與郊野組織著人生的涵意，郡縣遙想的帝都更網羅了詩人生涯的所有一切。〈安定城樓〉從外在的郡城郊野，爲詩人標定了想像的起點。曲江邊依依迴柳則轉換了凝望的觀點，詩人的流放在張蓋迴首之際展開。兩地間無盡的相思，隨著征途向兩端無限地延長。惜別的哀傷就是相思的預言，詩人遂以言辭的否定期求突破生命的困窘。

從來此地黃昏散，未信河梁是別離。

末兩句則衆說紛紜，一以爲當下離情已足悲懷，上比蘇武李陵河梁之別，亦不遑多讓。如吳喬曰：「即此大是不堪，何必蘇李胡漢之別乃足悲乎？」姚培謙曰：「昨夜黃昏，草草作別時，曲池已便是河梁也。」城外池畔的別離幾乎成爲表意的典型，許多膾炙人口的詩篇皆以此爲背景，其歷史文化的意義脈絡已申述如前。

一以爲久經風霜，離別既屬尋常，不必以此傷懷。陸崑曾曰：「此中人視聚散爲故常，而絕不知有河梁攜手之事乎？」詩人既曰「從來此地黃昏散」，應知黃昏之別原屬平常，但前述深情惜別又絕不平常，以故「未信」實已信之矣。對於現實的否定並非詩人的愚昧，而是祈願的展現。以意志的申述代替事實的陳述，則全憑「未信」之否定。[25]《莊子·大宗師》裡有一個交友的故事：子桑戶，孟子反，以及子琴張，三個朋友相交。友情是一種超越的嚐試，嚐試超越個體生命的局限。他們問：「誰能以無所交往相交往？誰能登天遊霧，宛轉飄升，以至無窮？誰能打通生死兩端，逍遙於無限的自由裡？」

驀然之間，子桑戶死了。孔子派子貢往弔，卻看到孟子反與子琴張，或者在編曲，或者在彈琴，歡樂地歌唱。他們唱著：「桑戶啊，桑戶啊，你已經反歸眞實的生命，我們卻還像會發聲的人偶活著。」

子貢看不懂這一切，問他們：「對著好朋友的屍體歡樂歌唱，合於禮嗎？」倆人相視而笑，回說：「眞知道禮的本義嗎？」子貢回去稟告孔子：「這些人是怎麼回事？不知道他們是如何修行的，不在乎身體形象的規範，對著朋友的屍體歌唱，不畏懼死亡，實在不知道怎麼說他們。」

孔子告訴子貢：「他們生存於框框之外，我們則生活在框框裡面。生活在框框裡的我們，難以想像逸出框框外的生活。我派你去弔唁他們，是我自困於生命的框子，無法通觀生命的自在。

他們的生命已經不局限在生死兩端，而與天地相通，猶如一氣流行。他們把生存當作多餘的腫瘤，而死亡就是擠破了這無聊的腫瘤。對他們來說，豈會去分辨生死存亡的先後高下？生命假藉不同的形體，其實根本原自同一不異。」

「黯然銷魂者，唯別而已矣。」無限的離愁已經超乎語言所能表達的極限，更超過個體生命所能承載的刻度。相送情無限，因爲人生有限。人的一生卡在個體形象的生成與毀滅裡，固執而且缺乏安全感的人，執著個別的身體形象，把生與死形象化，好像兩個空間裡可見的界碑。被限定在有限的生命形象中，當然無法承載生命無限的可能。上述《莊子》裡的故事，框住方裡的我們，無法看見框外的生命，所以我們愛生畏死，更無法忍受有限的生命，一寸寸的分離。個體人生不過是一連串的別離，有限的生活裡充滿無限的離情。

雖信離別乃人生之常，仍強曰「未信河梁是別離」更見惜別之深，以呼應前情也。其驚詫慨歎不信之語，正坐實了分別之無可挽回，映現詩人絕望之深與用情之深。「河梁」固然可爲蘇武李陵別離之河梁，未必不可喻今之曲江。若以河梁爲泛稱，則日日上演著聚散的曲江，如果竟然成爲離別的場合，實在令人難堪，此其故曰「不信」也。「分手即天涯」，卻又不能不分，正如人力亦無從迴曲江之逝水，遂只能私心切願此河上之別如日日宴飲，雖不能不散，但散罷終將復聚。既否定蘇武李陵河梁之別，反坐實了今日的離情依依。行人的漠然無知，反而更顯得詩人之多情。

二

李義山無題詩，因其無題卻使想像得到解放之機。有題之詩遂使人想像拘執，若〈錦瑟〉以「無端」發言，則詩人情志可比不繫之舟，在能捨喜捨的自我流放裡得到逍遙眞義。這是無題爲題的優勢，詩歌得到自由詮釋生命之自在的契機。

而許多無題詩被視爲豔情詩，抒寫詩人不羈的愛情，揆諸各篇未爲無見。[26]下述諸無題詩即從此出發，然而並不以追究其戀情爲務，卻以人際知遇感通爲演繹之途徑。

鳳尾香羅薄幾重，碧文圓頂夜深縫。

扇裁月魄羞難掩，車走雷聲語未通。

曾是寂寥金燼暗，斷無消息石榴紅。

班騅只繫垂楊岸，何處西南待好風。

（無題）

胡以梅曰：「此詩是遇合不諧，……」[27]姚培謙曰：「此詠所思之人，可思而不可見也。」[28]上述評注從人際情志感通詮釋下引無題之詩，是無題詩實爲有題詩也。

鳳尾羅即鳳紋綾羅，庾信〈賚皀羅袍啓〉：「鳳不去而恆飛，花雖寒而不落。」正演明了義山此詩的涵意。鳳凰本爲逍遙飛迴的麗禽，但是此處牠卻只是密密深織於羅上的失去自由的鳥。義山經常以彩鳳飛遊之身寄託期望逍遙的情志：「身無彩鳳雙飛翼，心有靈犀一點通。」（無題）「但覺游蜂饒舞蝶，豈知孤鳳憶離鸞。」（當句有對）彩鳳的不自由亦即詩人的不自由，因爲不自由而造成感通的限制。這是詩人藉空間中圖畫的布局，揭開不自由寓意。詩人靜寫深夜縫製碧文圓頂，而碧文圓頂靜棲空有雙翼的彩鳳。

班婕妤〈怨歌行〉詩曰：「裁爲合歡扇，團圓似明月。」以月爲扇欲掩面遮羞反而更彰其羞。車行疾驟，聲喧如雷，遂隔斷了人際情志的感通。羞語未語，總之通語是困難重重。詩人極力鋪敘交語感通的困難，正藉「未通」點明了求通的熱切欲望。因爲欲語還羞，所以彰顯內心正有極強烈的激情，情熱甚而未語已令人自羞難禁。

身若羅上深縫之彩鳳，此爲生存狀態的局限。自身熱切的思慕與共處情境的不利，構成更深刻的感通障礙。但是詩人越是極力鋪張感通的困境，反而越突顯了情志感通的熱望。五六句以紅燭金燼與火紅榴花，在歷來的寂寥與未來的消息之間，藉當下的存有與虛無對立，擬構一超度靜止畫面局限的生命的欲望。這強列期求感通的欲望，藉著生存的局限否定感通的途徑，反襯其超度生存界限的熱切渴望。獨對漸熄的紅燭，又是寂寞無奈的一夜將逝，榴花初紅則青春已逝。流年似水，消息不通。全詩在金燼榴花的有無明暗照耀下，道盡了相思不寐之人的寂寞。

直至五六句，義山基本上以豐富的色彩，以及變幻的光影，構成一幅深夜獨守的熱切戀情。但是如果缺乏「語未通」「斷無消息」等句中的否定詞，亟欲通語和渴盼消息的將無由表達。然而車走雷聲以至未能通語，以及一樹榴紅所提示的流光漸逝，皆無從由平面的構圖顯示。第一聯雖無否定詞，但是透過形象與涵意的矛盾，卻構成了對存在狀態的實質否定。彩鳳的寓意本在於其逍遙遊行，如今織入平鋪的羅面，點出生命不自由的情境。第二聯以明確的否定詞說出了無法感通的情境，但也透露出只藉單純畫面不足以表達情志。車走雷聲所喻示的匆忙倉惶與喧譁之聲，藉著詩人直接的陳述傳達給我們，反不如上句藉著團扇圓月豐富寓意所帶出的風流蘊藉。第三聯由「曾是」「斷無」所構成存有與虛無的對比，在我們想像中牽引出一脈時間的遷流，於是「班騅只繫垂楊岸」同時繫在一條時間之流的河畔，西南好風的飄緲逸出空間想像的窠臼，期望好風的欲望遂亦如未繫之孤舟，承載無限超度生命困境的嚮往。

詩人創作的基本動機莫不是超度當下此生的局限，此生的局限亦呈現於人類的語言之上，所以藝術創作超度生命之際，同時要超越語言的局限，如實表達言外之意。相思 惜別就是詩人企圖突破孑然此身範限，情志越出一己私愛的範圍，追求人際感通以寄託生命理想。惜別相思之詩就是上述情志的具體實現：

相見時難別亦難，東風無力百花殘。
春蠶到死絲方盡，蠟炬成灰淚始乾。
曉鏡但愁雲鬢改，夜吟應覺月光寒。
蓬山此去無多路，青鳥殷勤爲探看。
（無題）

上一首無題詩極言相思之情，這一首無題詩彷彿又回到惜別的主題上。然而相見時難別亦難，所言並非在於惜別，而在於人生「無力回天」的感歎。此所以東風無力百花殘也。無力乃比擬人身，建立於身體形象之上的情志表達。

春蠶到死絲方盡，所以身未死而情難盡也。義山詠荷花之詩：「荷葉生時春恨生，荷葉枯時秋恨成。深知身在情常在，悵望江頭江水聲。」（暮秋獨遊曲江）正因此身未絕，只要一息尚存，則深情不絕如縷。曉妝夜吟標示生存的延續，而此尚存的生命並非此身眞正的目的，既愁雲鬢改，復覺月光寒，生命因死亡的界定而殘缺，年華老去固使人心焦，詩人所啓發的應是即使此身不在，此恨猶綿綿不絕也。一條超度此身生死所範限的人生之道，應是我們相思惜別最後的嚮往。

《史記・封禪書》：「使人入海求蓬萊、方丈、瀛洲，此三神山者，其傳在海中。」神山仙島者乃古人寄託生命理想者，生命理想寄於神仙之長生不死也。只因此情常在而此身無常，故相思迢遞遙望於蓬山。蓬萊邈遠而身繫紅塵，情人豈非無由得見？唯一的出路只有託付青鳥，青鳥者，西王母所使也。（山海經・大荒西經）西王母乃長生理想之形象化也。總之詩人由相思之情引入生存情境的反思，於縷述生離死別無常之無奈之後，最後以蓬萊仙山，西王母使爲結，將突破生存困局之道寄望神使青鳥。

此詩首聯，以東風之無力，首以否定詞闡明生命的局限與無奈。頷聯則以「到死」「成灰」形容對生存的實質否定，主旨在於延續此身的無力與此情之不得已。頸聯詩人直陳生事之悲。尾聯則以「無多」逼出「唯一」，否定生命情志還有其他出路，唯有寄望蓬萊神使而已。想望寄託蓬萊神使已是對現世生命的否定，此又為否定詞之後實質的否定也。

三

君問歸期未有期，巴山夜雨漲秋池。

何當共剪西窗燭，卻話巴山夜雨時。

（夜雨寄北）

分隔兩地的事實本身就是對相惜之情的否定，所以君問歸期，吾曰未有期。重會之期不定所醞釀的不安，使期盼重會之情在騷動不安中越演越烈。不確定的歸期使未來充滿了變數，不僅是對當下相會之事的否定，更是對於確定未來生命旅次歸宿的否定。

為了延續表述旅人不安的感情，詩人藉夜雨連綿的騷動突破當下情境的靜態想像。巴山點明兩人所處異地，夜雨秋池則提供可以共倚的靜態畫面，但是雨勢綿綿，水淹秋池，使前述形像的布局為不止的雨水浸潤而潰爛，一切視覺想像皆變得不確定了。

呼應最初的願望，在逐漸因時光浸潤而模糊的想像裡，再次許下重會之約。人對自身存在的想像鋪在時間的記憶裡，暫時相違，許下重會之約，約期共話相違時的相思。詩人從起首不安的原點開始，以許諾帶領讀者往復於時間之流裡，真箇相思欲流。

秋水悠悠浸野扉，夢中來數覺來稀。

玄蟬去盡葉黃落，一樹冬青人未歸。

城郭休過識者稀，哀猿啼處有柴扉。

滄江白石樵漁路，日暮歸來雨滿衣。

（訪隱者不遇成二絕）

隱者已是放逐人群之外的孤寂之人，訪隱者乃爲突破孤絕，期求感通之旅。訪隱者不遇則重回孤寂的原點，是流放之後的流放也。

秋水，野扉，玄蟬，黃葉，共同渲染成在野的畫面。但是此不足以寫人之隱逸不遇，所以詩人藉秋水之悠悠不絕，漫浸野扉，湮溼了原本簡單靜止的畫面。夢覺來去之際，有無虛實之間，生命流放的無奈盡在無聲中洋溢若秋水。玄蟬黯然隱沒，千木萬葉由青而黃，以至枯黃飄沒，孤絕疏離彷彿渺無盡期，然而收尾一句，靜立時間之流中的青青女貞與自始未見影蹤的隱者，形成視覺想像與非視覺想像的遞換，靜立的生存者與流過的生命流徙爲生滅有無作一永恆的註腳。

次章首句即以否定詞點出詩人的自我流放，而流放爲了訪求知遇，以人際的感通超度此身的孤絕。山猿哀啼卻引視線投向想像的邊疆，在光影黯澹的歸途裡，孑然一身的孤影漸趨近卻漸隱沒。日暮歸來雨滿衣漫然成篇，正好呼應一樹冬青人未歸餘音飄緲。

看山對酒君思我，聽鼓離城我訪君。

臘雪已添牆下水，齋鐘不散檻前雲。

陰移竹柏濃還淡，歌雜漁樵斷更聞。

亦擬村南買煙舍，子孫相約事耕耘。

（子初郊墅）

義山善以空間的標點，敷衍時間的想像。看山對酒不僅拉開視域，而且反映出主人的孤寂獨對。而鼓聲的介入使生存的界域更爲遼闊，也更爲疏遠。臘雪不僅點明了時間的刻度，更因漸漸漫起的水線，將時間的流歷形象化。徒然吟歎生命的流逝已非詩人的主題，一個超乎生命倏短的生存境界，所以無形流波的鐘聲竟然驅不散檻前的雲影，時間的流動彷彿已經凝結。可見的竹柏陰影由濃而淡，無形的漁樵歌呼斷續隱顯，生命未能稍息的流離，詩人將之歸宿到買舍村南。生命在流離的無奈裡，超度此身而寄於人倫之樂中。

孤鶴不睡雲無心，衲衣筇杖來西林。

院門晝鎖迴廊靜，秋日當階柿葉陰。

（華師）

無事經年別遠公，帝城鐘曉憶西峰。

鑪煙消盡寒燈晦，童子開門雪滿松。

（憶匡一師）

這兩首憶舊之作，首句「不睡」「無事」皆以否定詞標示一個孤獨漂流的生命端點。無論是「衲衣筇杖來西林」之往訪行動，或是「帝城鐘曉憶西峰」的音響流動，最後都終止於院門深鎖的寧靜，以及隱沒於煙消燈晦的幽闇之中。流徙疏離的心棲止於時間的凝定與靜穆的張力之上。秋日與葉陰所構成的光影，使時間彷彿靜止在階前。童子推開門扉的瞬間，松枝上積滿顫然欲落的白雪，使時間的琴弦倏然張緊。

李商隱的憶舊，相思，乃至於訪隱不遇諸詩，最後必定隨生命的流程走向死亡的終局，所以這種情志的表述最後必以輓歌爲其極詣：

上帝深宮閉九閽，巫咸不下問銜冤。

黃陵別後春濤隔，湓浦書來秋雨翻。

只有安仁能作誄，何曾宋玉解招魂。

平生風義兼師友，不敢同君哭寢門。

（哭劉蕡）

輓歌的起首拉起神話的視覺想像，上帝的統治與神使巫咸的審察人間不平，[29]使我們生存的疆域不再局限於人間世。正如另一哀歌曰：「路有論冤謫，言皆在中興。空聞遷賈誼，不待相孫弘。江闊惟迴首，天高但撫膺。去年相送地，春雪滿黃陵。」（哭劉司戶蕡）

也因爲拉開生存的視域，上帝深居九天之上，九閽皆閉，神使巫咸亦不問人間不平，一連串的否定與封閉將生存的領域壓縮至更卑微之地。所謂「離居星歲易，失望死生分。酒甕凝餘桂，書籤冷舊芸。江風吹雁急，山木帶蟬曛。一叫千迴首，天高不爲聞。」（哭劉司戶二首）神話所拓展的生存界域，因爲封閉反而積累了更深廣的壓迫力道，使生存領域更顯逼仄。

春濤秋雨固寫江湖風波惡，亦點出時光流逝，人際疏隔。如今作誄招魂，已無法挽回既逝的亡者。末聯自言情義深厚以彰沉痛。不敢同君哭寢門，只因情誼深厚，不能自外於人倫禮教之防也。在此義山再度使用否定詞作爲人倫關係的界限，而情勝於禮，遂曰「不敢」。

四

比悼念亡友更深沉的悲情是對戀愛對象的悼念。既然是悼亡，詩人創作所憑藉的是已經無法挽回的事實，是現實的虛無，是實質的否定。

密鎖重關掩綠苔，廊深閣迴此徘徊。

先知風起月含暈，尚自露寒花未開。

蝙拂簾旌終展轉，鼠翻窗網小驚猜。

背燈獨共餘香語，不覺猶歌起夜來。

（正月崇讓宅）

密鎖重關與廊深閣迴白描了崇讓宅的建築格局，陰影裡的綠苔與徘徊的孤影則爲這幅圖畫抹上陰鬱的顏色。首聯只直接交待了詩人置身的情境，但是他在首句以掩映的綠苔巧妙地爲簡單的建築點染幽怨。而在次句藉徘徊的身影於深密重迴的廊閣宅院中，置放了孤獨的雕像，也點亮了主題。

頷聯兩句繼續鋪開畫幅，月輪涵暈以靜態的畫面啓發動態的想像，漸起的夜風喻示孤寂不眠的寒夜正長。而靜峙深宵的花苞傳達了平面繪畫難描的寒冷感觸。冷月寒風加深首聯的主題，以更廣更深的筆觸突破視覺形象所昭示的想像局限。綿長的夜足以使我們感受撩人的夜風，以靜止之姿否定花開，精確地使觀者觸及寒露。

蝙拂鼠翻終於使我們脫離靜止的畫面，而進入詩人孤絕的生命歷程。所有響動所激起的猜測，其實都包涵了詩人的期待，但是詩人也早已知道期待終將落空，絕望早已形成於希望之前。然而明知絕望而依然展轉驚猜，反映出一往情深的期待。

即使從絕望的期待中醒覺，卻任性地自陷於暗夜孤衾的餘香裡。當黑暗否定視覺形象的可信，詩人反而得以專注於記憶深處癡情不毀的餘香。非視覺想像的音樂在此時響起，不覺而歌啓人想見一脈超乎清醒明察的癡情。

第二聯因花未開，藉一否定詞帶入視覺無法捕捉的寒冷。第四聯詩人不覺猶歌的生命律動，藉一否定詞提點悼亡的癡情絕望。兩否定詞使想像彈出界外，導向言外之意。前者出視界而使寒觸膚，擴展了同情的深度。後者不清醒卻更沉痛，高舉起癡情摯愛之可貴。相較於另一首崇讓宅的悼亡之作，更顯否定詞之妙用：

露如微霰下前池，風過迴塘萬竹悲。

浮世本來多聚散，紅蕖何事亦離披。

悠揚歸夢惟燈見，濩落生涯獨酒知。

豈到白頭長只爾，嵩陽松雪有心期。

（七月二十九日崇讓宅讌作）

全詩並無直接明確的否定詞，紀昀評之曰：「三四格意可觀，對法尤活。後半開平庸敷衍一派。」劉學鍇與余恕誠則以爲：「詩以輕快流利之筆調，抒寫身世濩落之感，寄寓悼亡之痛，『情深於言』，洵爲的評。」[30]其實義山此詩一二句純爲平面敘筆，所謂萬竹悲，惟賴詩人自身認知，不知何以啓人想像？三句彷彿人生教訓，四句紅蕖離散則爲簡單擬人化的說法。五六句言燈見酒知，仍承上聯擬人之作。末聯亦不過平平道出心願，並無讀者想像餘裕。[31]

同為悼亡，同在崇讓宅，兩詩在啓發想像上，功力懸殊。前詩使人想像層層超越，導向生存境界無限的擴展。後者惟餘是否認可詩人志願之抉擇，而乏自由想像之機。其間差異可說全在於是否善用否定詞爾。在第一章已點出否定詞並非局限於「不」「無」之類語詞，因意義的對立產生的否定詞義或許更為詩人所喜用。例如下引詩篇，詩人以人間之外，天仙神話為媒，表述他對離別的感懷與反思：

恐是仙家好別離，故教迢遞作佳期。
由來碧落銀河畔，可要金風玉露時。
清漏漸移相望久，微雲未接過來遲。
豈能無意酬烏鵲，唯與蜘蛛乞巧絲。

（辛未七夕）

義山對生離死別，人生層層剝落的疏離感，懷抱無限悲情。有涯之生常抱無涯之憾，試問義山何以排解此等無邊愁緒？上引七夕詩則提點一番超出人間世的玄思，藉神話仙傳為媒，展現詩人另一向度的創作。而義山藉否定詞「未接」「無意」所形成的反詰，使我們有了跳脫人世凡俗的考慮。其實一旦使用神仙故事為媒，詩人早已宣示了對歷史記憶的否定，而在人生出超凡脫俗的思維。

【註釋】

[1]方瑜《杜甫夔州詩析論》：「子美身心所寄的最終歸宿處，乃是朝廷所在的京華。京城與故鄉在詩人內心混揉難分，愈近暮年，嚮往

渴慕之情也愈加深化，終至成爲一種執念，…。」（臺北：幼獅文化事業公司，1985）頁4。

[2]葉蔥奇《李商隱詩集疏注》（同上）頁117。

[3]仇兆鰲《杜詩詳注》（臺北：里仁書局，1980）頁137。

[4]意志的屈伸即權力大小的指標。

[5]沈福偉《中西文化交流史》(臺北：東華書局，1989）頁155-156。

[6]《全唐文》卷八二七。

[7]臺靜農〈論唐代士風與文學〉收於羅聯添編《中國文學史論文選集三》（臺北：臺灣學生書局，1979）頁769-782。

[8]高越天〈李義山政治詩摘箋〉收於《李商隱詩研究論文集》(同上)頁373-4。

[9]既出城，迴望城樓又是何景象？結廬古城下，時登古城上。古城非疇昔，今人自來往。〈孟城坳〉這是常與王維往還的裴迪所作《輞川集》之一，他的詩集與王維的《輞川集》二十首題名皆同。由裴迪的詩，我們可以很實在地構想，在古老中國的西北黃土高原下，靠近輞川的古城外，一個黃土山坳裡，有那麼一間草屋。再加上一些歷史的感慨，就構成了〈孟城坳〉的風景。在這麼結實的風景線之下，我們還能想像些什麼？

「輞川」是一條陝西藍田終南山下的河川，古老的農業中國，生活在這樣的河畔是像麥穗一樣尋常的。千百年以來，傍川而居的生活節奏著中國人的宿命，西北的聚落建築在臨河的臺地上，北臨大江，南緣土崗，三面水田，或者兩面大山，中有河沖，人們聚居在河岸大山的餘脈處，土崗周圍多水田、平地與池塘，又或者是衆多山崗環繞小窪地，四周有圩田、小溪或池塘。

「坳」本字是「窅」，一隻在穴中仰望的眼睛。王維與裴迪寄居在這春夏暫住的田中小屋，小屋位於前臨輞川的山丘土坳裡，半地穴的方形房屋，以坑壁爲牆，上面架著茅草屋頂，地板與牆壁塗抹草泥，屋內立柱，柱頂有孔以排煙通風。推開門戶可以看見河岸土臺上的城，黃土的山丘，丘上飄著微雲。

[10]汪中〈談玉谿生「安定城樓」詩〉收於《李商隱詩研究論文集》（同上）頁968-971。

[11]杜正勝《古代社會與國家》（臺北：允晨文化實業公司，1992）頁159。

[12]同上，頁714。

[13]同上，頁715-6。

[14]同上，頁458-9。

[15]古城之於裴迪，是今昔異樣的滄桑，而汲汲營營於權力的川流之中，人們只是冷漠地迎送這歷史的滄桑。裴迪的〈孟城坳〉在平鋪古城風景之餘，不過重覆了歷史的滄桑與衆生的惘然，而在同一主題之下，王維的〈孟城坳〉又是怎樣的一番情味呢？

「新家孟城口，古木餘衰柳。來者復爲誰，空悲昔人有。」古往今來，新家舊城，歲月的流變，人際的交接，形成田園之中詩人的感懷。山坳裡隱居的仰望，對映城樓上望亭的監臨，人與城的對望是臨界的凝視，詩人審視著生命的際限，感觸著這城鄉與草木的歷史意義，懷抱著記憶的餘蛻，品嚐著權力邊緣的孤寂。這份孤寂是虛無的，直接觸摸到生存的邊緣，對於疏離與孤絕的無助，生命在小山坳裡絕望的仰望。

[16]聞一多《全集》第二冊（臺北：里仁書局，1996）頁295。

[17]《莊子・逍遙遊》：「今子有大樹，患其無用，何不樹之於無何有之鄉，廣莫之野，彷徨乎無爲其側，逍遙乎寢臥其下。」

[18]《莊子・逍遙遊》：「若夫乘天地之正，而御六氣之辯，以遊無窮者，彼且惡乎待哉？」

[19]《莊子・逍遙遊》：「至人無己，神人無功，聖人無名。」

[20]王靜芝《詩經通釋》（臺北：輔仁大學文學院，1978）頁78。曰：「此懷才不遇者自詠也。」

[21]劉學鍇，余恕誠《李商隱詩歌集解》（同上）頁1744-5。

[22]流放的詩人行吟澤畔又如何？試觀韋應物的送別詩〈賦得暮雨送李曹〉:「楚江微雨裡，建業暮鐘時。」如果以山水畫的構圖作爲想像的基礎，或許可以使我們的思想的對焦，捕捉到詩人的眞意。「楚江」首先映入眼簾，楚江即長江，詩人卻說「楚」江而非長江，「楚」原本指的是叢叢的樹木，這裡則作爲地域的代稱，舊名江陵爲南楚，陳爲東楚，彭城爲西楚。長江流經楚地，故名楚江。這裡是古代遍布蓁莽荊棘之地，遠離中原文化與權力核心的蠻荒。當時大唐的首都仍在西北的京洛，江門海口的楚地還是帝國的邊緣。

日夜不息，一去不回的長江，猶如歲月的流逝。川流的江水爲這幅山水開了頭，定了基調，詩人生命的感懷，隨著江流潺潺，娓娓舖排出瀰天蓋地的離愁。所以這幅山水的第一眼，就在煙波浩渺的楚江之上。

楚江並非一截不相干的背景，而是寫盡一天微雨的無名主人，給漫無所歸的迷濛雨絲，導引一條回歸的水路。上有滿天惹人愁緒的細雨，下有漠然無情的東逝水，張開了天地之間，歷史長河裡，生命悲劇的場景。楚江微雨，變亂中有眞常，迷惘裡見歸宿。

「建業」是三國時，僻處東吳的孫權建都之地。從三國以至於唐，建業因朝代變易而幾度更名，但是一直不是中原正統，遠離文化核心，立於權力的邊陲。中國文化的核心與權力的正統，一直在京洛所在的西北。南京成爲政治經濟的重鎮，必須等到安史亂後，籓鎮割據，以至五代十國的紛擾，西北殘破，而東南漸次開拓之後，才逐步進入歷史舞臺的中心。

韋應物十五歲曾爲唐玄宗侍衛，目睹安史之亂，身當籓鎮驕橫，郡縣殘破之苦。從洛陽丞，鄠縣令，滁州刺史，而江州刺史，蘇州刺史。在險惡的政治環境裡，親身經驗了大唐帝國的繁華與衰敗，在地方上與軍閥毫強遭遇，面對人民的疾苦，生命的感懷自然無比深刻。

小立楚江畔 ， 迴首建業城，動亂的大時代裡 ，雖然遠離帝國的核心，但是臨送滾滾逝水，背後矗立檢證歷史的邊域古都，無限生機是否在韋應物的心中萌動，因而預設了跨越現前困厄的契機呢？一帶長江水引出了無限離愁的場景，滿天的絲雨與漠漠江水帶動了全幅視野。迎江而立的建業古城，彷彿一個沉思的逗點，讓飄忽的離情開始定著。「暮鐘」超出了有限的視域，更超越了畫幅。想像逸出了形像的框子，詩人與讀者一剎時齊舞於困乏的殘軀之外，而徜徉於生命的界限之外。詩終於超越了畫的邊界，解放的權力不再枯守理智的井然，隨無軌的鐘聲，閒步走出雨幕四圍的無聊之外。白日將盡，遊魂欲變，暮鐘聲裡，殘軀漸隱。

[23]又如前引韋應物的送別詩〈賦得暮雨送李曹〉三、四句：「漠漠帆來重，冥冥鳥去遲。」中國古代以農業爲經濟主軸，城鎮則是統治這個農業帝國的關鍵。以城牆圍起來的部份象徵著「國」，城外的

田園即城「郊」，郊外叫作「野」，野外則是百姓生活的極限，所謂邊「疆」了。建業城郊，吳都之野，生存的邊疆或許止於江海，或許那種邊界只屬於侷促在西北的衰老帝國。對於東南蠻夷之地的逐臣，連接那塊流放他的大地，不是生存的極限，而是另一種生命的開始。

市場是農業帝國城市的眼睛，你可以看到它的靈魂。市場總是在通衢大道相聯，金錢則常比喻爲水泉。通道即始車水馬龍，終究是擱淺的龍，商人逐利，奔波道路之上，被安土重遷的農夫視爲逃人逐客。商旅自我放逐於功名科層之外，永遠的異鄉人，總是在離別與流放中追逐生命的意義 。江流入海，重重的帆影， 飽涵陸地的雨水，沉重地馳離江岸，每一次都以訣別的身姿流向未知的海口。臨別之際，雨水與雲天，城市與江海，鄉人與商旅，放逐是訣別，也是解放。

飛鳥總是最能詮釋追求自由的心情，但是霑濡羽翼的飛翔形成矛盾的畫面，離去的姿態並非如此的自適，反而突顯了重重黏滯。漠漠帆影，冥冥鳥蹤，欲語還休，難捨難留。捨不下功名富貴，留不住因緣際會。

江水並非空自流逝 ， 天雨亦非空漠而下 。 鳶飛魚躍，展現無限生機。江中重帆，雨中飛鳥，使送別的構圖更加深刻，因爲它們重述了離放的主題，展現了主人衝突的心情。江流，雨勢，鐘聲，重帆，鳥去，無一不指引著讀者的想像。畫幅裡，前攔帆影點點的楚江，上有鳥飛遲遲的沾濕雨翼，西有建業古城傳來朦朧鐘聲，東向暮雨模糊的江門，而這一切都在韋應物分題賦詩所得的題目「暮雨」之中。

[24]再如前引韋應物的送別詩〈賦得暮雨送李曹〉五、六句：「海門深不見，浦樹遠涵滋。」大洋一望無際，遼闊深遠，我們其實是看不見的。水手航向雨霧中的海門，在歷史的蒼茫暮色裡，等待解開方向的謎團。在擾攘大陸的邊緣，以絕異於農業的思維，從事一次又一次航向未知的冒險與流放。離開貧窮的家鄉，遠別紛亂的朝廷，浪人與貴官，在動亂的時代，各自從脫序的節奏裡逸出，飄盪在這海門未知的暮雨之中。

韋應物在這首送別詩裡，固然不乏傳統的江城景物，但是這江是湧向大洋的長江，這城是遠鎮東南的建業。我們彷彿已呼吸著飽滿海洋氣息的騷動，爲離情別緒溶入無邊的不安。未知的前途，隱沒的落日，即將來臨的蒼茫雨夜，心情因爲雨幕的隔離，孤獨起來，楚江滔滔，建業鐘聲，重疊的帆影，揮不動潮濕雙翼的飛鳥，這一切都在漸深的暮色，與逐漸潮濕的心情裡，疏離起來。

在城外，在江邊，在兩種絕異的生存方式之間，或許一間租來的夯土牆茅草屋，屋後的陰溝排洩我們發黑的人生，生活則像晚餐時手中緊攢著的「鍋盔」，把麵粉壓擠烤乾，製成像生活一樣難以下嚥的食物。然而，疏離與邊緣的生活，儘管貧窮卻敞向生活的歷險，打開一種痛苦的自由，取代艱辛的貧困。

江邊一棵雨中的樹，在長江滑過雨濕的建業，向晚的鐘聲緩緩飄散裡，目擊雨水浸濕的船帆重疊映現，飛鳥揭不開層層雨幕，失落了江流入海的方向。

[25]如前引韋應物詩之末尾兩句：「相送情無限，沾襟比散絲。」韋應物送的人，名叫李什麼，已不可考。那份離愁卻與當晚的微雨，流傳千古。韋應物要如何收拾著渲染暮雨的無限離情呢？韋應物就像

他的名字，「應物而不藏」，要將無限離情化入這一幕暮鐘微雨裡。分到「暮雨」爲題的韋應物，打通個體形像的限界，將人生化入這場綿密無邊的楚江微雨裡，與大化合流，不喜亦不懼。在這首五言律詩之中，彷彿山水畫的布局，由前橫的楚江展開，經過一天的微雨，建業的鐘聲，江上的衆帆，雨天的飛鳥，畫幅外看不見的入海口，回到江邊的一棵雨樹，歸結到送別的焦點，再由珠淚如雨，化解濃濃鬱結的離愁。楚江，建業，江帆，飛鳥，海門，浦樹，還有胸前的衣襟，無不在這命名的刹那，有了一方自我的天地。但是詩人任由雨意浸透這七個據點，在立與破之際，暮雨滲透天地人生，溶解了離愁的鬱結，超越了個體的框限，返歸那「死生存亡之一體」，而後能「入於不死不生」。

[26]劉若愚〈李商隱詩的境界〉收於《唐詩論文選集》(同上)頁442-3。

[27]劉學鍇，余恕誠《李商隱詩歌集解》（同上）頁1456。

[28]同上，頁1457。

[29]劉逸生〈談李商隱的「贈劉司戶蕡」〉收於《李商隱詩研究論文集》（同上）頁792-4。

[30]劉學鍇，余恕誠《李商隱詩歌集解》（同上）頁1072-3。

[31]《莊子·逍遙遊》：「（五石之瓠）濩落無所容。」

第五章 虛構的歷史

詩人的情志藉著起居所見所知的外物表述出來，進而將自我的生命理想寄寓此現實居所的視覺形象構圖中，詩人雖然走出孑然一身的孤絕 ， 但是仍然困守密鎖重關的庭臺樓閣。經世濟民的抱負固然藉雙重鄉愁的引導，使人放下一己身家的執著，融入人際感通的情志交流中，然而甜美溫柔的人倫情愛，終究幽囚於身體形象的邊界，個人的生離死別依然令人懸念。

人生旅次的感遇，隱約透露出對自身生命的反思。託物寄情，或直抒胸臆，皆表現自身情志的寄寓。然而生命不能安於孑然此身的孤絕，遂期盼親友知遇。因爲對他人有所期待，乃有種種惜別離愁，以及兩地相思，竟或生死相違，哀輓九原之作。上述詩作皆以此身的倏短爲念，以此身的生滅爲生命的兩端。詩人懷古詠史之作則昇入另一境界，能以衆生爲念，將孑然此身寄託於歷史長河的宛轉流沔。

懷古或詠史皆以歷史事件爲鋪張情思的媒介，故本文不再細辨其異。懷古詠史之詩需能曠觀人類生命的綿延，而不自限於一己的生死存亡。所以鄉愁可說是由兩人相思惜別之情擴及歷史興亡之歎，情思提昇的中繼。下引義山之無題詩或許可以表現這種情思的中繼：

萬里風波一葉舟，憶歸初罷更夷猶。

碧江地沒元相引，黃鶴沙邊亦少留。

益德冤魂終報主，阿童高義鎮橫秋。

人生豈得常無謂，懷古思鄉共白頭。

（無題）

江湖滿地與孤舟未繫，藉以自喻身世飄零，前文已作闡釋。身雖飄零，此心仍繫於故園。義山於此稍有不同，「憶歸初罷」意謂一層否定，否定了的鄉愁原本應使漂游的舟子方向堅定，義山卻又日「更夷猶」。《九歌．湘君》曰：「君不行兮夷猶。」詩人其實深懷故園，徘徊不去更見纏綿。因為「憶歸初罷」的第一層否定，一個分界的判斷得以形成，而人生剛剛得到一個邊界，卻於後繼的猶疑中模糊了。[1]

碧江黃鶴點出詩人當下的處境，益德阿童則遙指歷史中的情思投射處。懷古思鄉的纏綿情思，並未局限詩人生命的嚮往。人生無謂指生命意義的闕如，詩人以「豈得無謂」的質疑否定了人生的無謂。「白頭」是此身終結之徵，懷古思鄉豈能眞箇消磨此生？人生意義既然不能無謂，懷古思鄉正點出生之吟哦。此詩末聯以有謂無謂對比，結問「人生意義」的主題，繼詠「懷古思鄉共白頭」，遂將生命意義的懸想抛出此身當下的纏綿徘徊。人生不得常無謂，思考生命意義的刹那就是詩人生命駐足的地方，它由一個否定詞標出來，而懷古思鄉則由那生命駐足處，將人生的嚮往抛向俯瞰時間之流的通觀。[2]

燕雁迢迢隔上林，高秋望斷正長吟。

人間路有潼江險，天外山惟玉壘深。

日向花間留返照。雲從城上結層陰。

三年已制思鄉淚，更入新年恐不禁。

（寫意）

託喻候鳥的生命，翹首遙望人生的歸宿。人如征雁，時當高秋，望斷帝京，而歸鄉之路深險，詩人回顧當下生存的境地，五句可謂「夕陽無限好，只是近黃昏」對生命流逝的感傷，六句則以光影的重陰蔽日，描繪黯澹的心境。末聯將上述鬱積的鄉愁，推至崩潰的邊緣。爲了刻劃這鄉愁飽和的邊界，義山以否定詞結尾收句。「禁」已是否定，但僅僅否定不足以啓發情緒崩潰的想像，所以義山以否定詞否定了此一情感的界限。

詩人以否定詞爲媒介，超脫層層生存視域的邊疆，終於來到歷史的河岸。歷史綿延的時間觀點，可以超度孑然此身的孤絕，將人生的生死兩端打通，匯入歷史寬闊長遠的流域。李商隱詩作工於典故，所以歷史事蹟經常成爲他創作的媒介。歷史事蹟一旦發生，便已是一種否定。因爲我們對它的記憶與指稱，都不再是當下的事實，所以所有對既往事實的回憶與描述，都是從當下事實的否定。[3]

義山以史事爲媒，抒情寫志，蘊涵多種可能。[4]透過否定詞的介入，詩人的意志可能導向單純的追憶往事，也可能在回憶本身的否定性意涵之上，使我們進入一個超越時間度量之上的形上思維裡。

第一節　歷史的虛構

懷古詠史之詩以歷史事件爲媒介，所要表述的是一種超越個人生命界限的人生。[5]所以成功的詠史詩不僅是以歷史爲媒介，還能夠提示一種超越個體的生存境界。詠史懷古雖然多以朝代興亡爲題材，但是詩人並不偏執地推究興亡的原因。

歷史事件其實已與過去某時某地的事件離異，史家藉著些許符號挑起我們對過去某事件的想像，寄託史家對該事件的詮釋。李商隱所使用的歷史事件難以計數，但是他對於攸關一代興亡的事件或史蹟特別有心。其特別的關注即已點出了詩人的用心。個人的生死與朝代的興亡，可以視爲比例放大的同類意義媒介。究竟朝代治亂興亡之根源如何，並非我們的著眼點，本文不試圖作翻案文章，而只著眼於歷史事件被李義山的生花彩筆如何點染，遂透發出義山何等襟抱？

紫泉宮殿鎖煙霞，欲取蕪城作帝家。

玉璽不緣歸日角，錦帆應是到天涯。

於今腐草無螢火，終古垂楊有暮鴉。

地下若逢陳後主，豈宜重問後庭花。

（隋宮）

廢棄的宮殿多爲義山懷古詠史的起點，如上引的隋宮即寄寓著義山對有隋一代盛衰興亡的反思。[6]否定其存在於當下，乃作一時間的跳板，使我們昇進歷史的通觀。終古並非過去的一點，而是自古以來的一條持續著的線索，指點著歷史的通觀。詩中的廢墟乃歷史通觀的無情見證。

司馬相如《上林賦》云：「丹水更其南，紫淵徑其北。」上林指京師，紫淵意同。鮑照過廣陵（揚州），見故城荒蕪而作《蕪城賦》，後人遂以蕪城爲揚州別稱。首聯二句是說隋煬帝南幸江都，荒淫更甚。中原大亂，帝無心北歸，而欲徙都江東之事。這首詩似乎涵有詩人對統治者的批判，奢侈淫亂應爲朝代興亡的關鍵。但是我們也發現詩人的道德判斷並不那麼嚴切與直接，而不失溫柔敦厚之旨。

上引詩篇中，以玉璽代表天下的政權，日角則謂天子之相。[7]詩人根據歷史揣測，隋煬帝如果不是因爲李淵已得天下，他一定會繼續荒淫遊樂，乘著錦帆龍舟，周遊天下。詩句與其說在批判煬帝，不如說羨慕著煬帝舒適快意的生活。

「螢火」指煬帝在天下盜亂之時，仍然於景陽宮徵求螢火數斛，夜出遊山，放之山谷。垂楊則是煬帝自板渚引河作御道，植以楊柳，名曰隋堤之事。於今腐草無螢火，乃義山借今古對照點明歲月無情，在歷史的長河裡歲月不爲任何人停駐，煬帝奢華的生命已隨草木同腐。

然而煬帝奢華的生命形態，透過螢火、腐草、暮鴉、垂楊等形象的經營，反而映現一幅淒美的歷史圖畫。螢火作爲其華麗生活的見證，否定螢火存在於當下，乃作一時間的跳板，使我們昇進歷史的通觀。終古並非過去的一點，而是自古以來的一條持續著的線索，指點著歷史的通觀。終古垂楊有暮鴉則成爲另一個歷史通觀的無情見證。煬帝所徵螢火早已隨草木同腐，在野無主的暮鴉則終古常存。

最後詩人立於歷史的通觀判曰：「地下若逢陳後主，豈宜重問後庭花。」以「後庭花」作爲陳後主荒淫無道的象徵，意謂煬帝荒淫至極，實不宜再責問他人淫行。豈宜實謂不宜也，藉此一否定而表達對煬帝的評價。否定詞達成一種反省的啓示與勸誘，然而能作反省的人也已不是當事人，不是歷史事件的主角，反而是旁觀這段歷史的後人。因爲此詩最核心的否定詞是「於今腐草無螢火」之無，呼應下句「終古垂楊有暮鴉」之有，使生存視域的取角在過去與現在的對照下，通觀今之可見與古之未見。詩人追想繁華盡去，而生荒涼虛無之感，慨歎人力豈能迴天？

莫恃金湯忽太平，草間霜露古今情。

空糊赬壤眞何益，欲舉黃旗竟不成。

長樂瓦飛隨水逝，景陽鐘墮失天明。

迴頭一弔箕山客，始信逃堯不爲名。

（覽古）

這首「覽古」詩增強了我們對義山詠史詩的想像：金城湯池言其完固，但縱有完固的城池也無法確保永遠的太平，政權的興亡就如草間霜露，生滅無常。赬壤是黏糊宮牆紋飾的赤土，廣陵城的堅固壯麗雖然盛極一時，如今安在哉？黃旗紫蓋乃謂天子氣象，[8]吳王孫皓雖曾因「黃旗紫蓋見於東南」之說，妄圖以入洛陽爲帝，順所謂天命。事終不成。義山至此所用之否定詞，只不過敘述史事而已。

長樂瓦飛喻其奢華淫樂也。長樂宮瓦因盛樂大作而飛墮，據《南史·前廢帝本紀》載：「宋廢帝景和元年，以東城爲未央宮，以石頭城爲長樂宮。」又《史記·樂書》曰：「師曠鼓琴，再奏，大風雨飛廊瓦。」爲求長樂，鼓籥吹笙，極盡聲色之娛，如今歲月流轉，王朝遞興，長樂宮的繁華早已隨水而逝。

景陽宮的鐘聲則是詩人再次以音響來標示生命的繁華景致，據《南史·武穆裴皇后傳》曰：「宮內深隱，不聞端門鼓漏聲，置鐘於景陽樓上，應五鼓及三鼓，宮人聞聲，早起粧飾。」景陽鐘墮，宮人無由早起，其實國滅城破，宮人早散矣。象徵奢華淫樂的啓明之鐘墮壞，亦天下失明矣。此聯否定詞也只用以敘述史事而已，倒是因著存廢成毀互爲否定的對比，使靜止的歷史圖像開始如音樂般流動。

「隋宮」懷古詠史之詩最後兩句卻指向神話寓言的世界，以虛構的歷史事件，將詩人的史觀呈現出來。[9]「逃堯」之說本於《莊子·逍遙遊》：「堯讓天下於許由，許由曰：天下既已治也，而我猶代子，吾將爲名乎？名者，實之賓也。吾將爲賓乎？鷦鷯巢於深林，不過一枝。偃鼠飲河，不過滿腹。歸休乎君，予無所用天下爲。」又《史記·伯夷叔齊列傳》曰：「余登箕山，其上蓋有許由冢云。」以箕山謂許由，而許由逃避堯的禪讓，因聖人無名也。

所謂聖人無名，《莊子·逍遙遊》曰：「且舉世而譽之而不加勸，舉世而非之而不加沮。定乎內外之分，辯乎榮辱之境，斯已矣。」許由逃堯，因其不爲名也。義山歷數帝王的窮奢極欲，但是百年興亡付諸草間霜露。人生一世，所能享用者止於一身，所謂「偃鼠飲河」是也。徒然追求人間功名榮譽，更爲虛無矣：

北湖南埭水漫漫，一片降旗百尺竿。

三百年間同曉夢，鍾山何處有龍盤。

（詠史）

義山覽古的心得歸結於「聖人無名」，結句「不爲名」之否定詞，根本超越了人間世的價值脈絡，同時超越了歷史的評價。否定詞所否定者不同，所達到的境界也自不同。「曉夢」是否同於〈錦瑟〉所謂：「莊生曉夢迷蝴蝶」，不必遽下斷語，詩學不同於數學，未可驟然施以同一律也。[10]語言既然是團體制定的契約，自然蘊涵歷史性與社會性，不能以單純的記號觀之。

縱有完固的城池也無法確保永遠的太平，政權的興亡就如草間霜露，生滅無常。縱有所謂天命，事終不成。義山至此只不過敘述史事而已。

萬丈宮牆，酒池肉林本爲求其奢華淫樂也。如今歲月流轉，王朝遞興，長樂宮的繁華早已隨水而逝。象徵奢華淫樂的啓明之鐘墮壞，亦天下失明矣。面對歷史的廢墟，感慨興亡盛衰之無常，詩人難免產生虛無之慨，遂將人間紛擾歸諸曉夢倏忽矣。[11]

義山覽古的心得歸結於一夢，其實他到底念念不忘此身，以及此身所繫的功名。懷古詠史之餘，義山經常藉歷史寄寓時政的批判，以及自身志業的願望。[12]

猿鳥猶疑畏簡書，風雲長爲護儲胥。

徒令上將揮神筆，終見降王走傳車。

管樂有才眞不忝，關張無命欲如何。

他年錦里經祠廟，梁甫吟成恨有餘。

（籌筆驛）

此詩藉三國故事點出「有才無命」的史觀。諸葛武侯雖有管仲、樂毅之才。但是遭逢庸主，又無輔翼，天命不佑，縱有高才，仍然不免齎恨以沒。所謂「出師未捷身先死，常使英雄淚滿襟。」懷古詠史之詩以歷史事件爲媒介，所要表述的是一種超越個人生命界限的人生。所以成功的詠史詩不僅是以歷史爲媒介，還能夠提示一種超越個體的生存境界。所以義山於詠史題材的取擇，實緊繫於他個人生涯的感遇，而非全面客觀地，以歷史的通觀評判史事。

義山詠史詩突顯他對族群同體大命的關懷，然而其中所蘊涵的道德教誨卻回到個人的自修，因爲權力到底是集中在少數人之手，人中龍鳳的英雄豪傑才是事件的主角，所以最後依然是個人獨對族群的天命運數。上引詩篇藉三國故事點出「有才無命」的史觀。諸葛武侯雖有管仲、樂毅之才。但是遭逢庸主，又無輔翼，天命不佑，縱有高才，仍然不免齎恨以沒。所謂「出師未捷身先死，常使英雄淚滿襟。」

有才無命所否定者，實此身存亡之間所承載的榮辱。莊子有「至人無己，神人無功，聖人無名」三境界，義山詠史詩雖通觀歷史，體悟「無所用天下爲」「聖人無名」，但是「才命相妨」的結論終究未至於「至人無己」之逍遙遊。[13]屈原賈誼之齎恨而沒，就是因爲至死執著潔身自好之志，無法和光同塵，冥契大化流行。「有才」與「無命」所構成的相互否定，支撐起全詩的主旨，然而這裡的否定不但未能搭起超度的橋樑，反而更拘束著生存的境界，無法從「有才無命」的憾恨中豁然開朗。才命對舉的史觀將歷史人物典型化，事實反而不重要了。重要的是這些流傳千古的英雄形象，是否足以抗衡命運的無情無理。堯與許由，諸葛孔明與劉關張，固然在歷史的紀錄上有一鱗半爪的記載，詩人寥寥數筆卻不在於作史實的考證，而在於申述人間的感懷，這感懷裡包含著對自身濃厚的愛惜。

然而由於歷史材料終究必須遷就古往今來，同住此山河大地衆生的所思所見，詩人終難自由馳騁其想像於此歷史蝕刻的大地。此爲歷史材料的優點，爲其缺點。敘事詩向來因共享的記憶而易於啓發豐富的想像，同時亦因那無法挽救的歷史而受到牽制。

神話將因其游談無根而獲詩人青睞，神話相對於歷史而言就是虛構的記憶。如果以虛構的虛構爲否定之基礎，詩人的想像將飄遊至何方所？這恐怕是對詩人最大的誘惑與最艱鉅的戰役。

第二節　迴遊天地

歷史作爲詩的媒介構成詩人生命通觀的吟哦，然而歷史的通觀也就是一種歷史的陷溺。個人的生命雖然超度進入歷史長河的通觀之中，人生境界不再局限於個人生命的生死兩端，不再戚戚於小小的庭園，但是他到底不能忘情人世的紛擾，無法脫出人間的糾葛。所以在詠史懷古之外，詩人另有一種超然的自我放逐，以得到生命眞正的逍遙。那就是寄情山水，終老江湖，遊於天地日月。因此本節將論述李義山詩作的另一主要媒介：山水、天地、日月。

以山水爲媒，悠遊江湖之上，不僅是遁世的生命情調，其實更是一種生命的曠達。而以放逐於天地的疏離，悠遊於日月之上的逍遙，在詩人的作品中多以神話或哲學寓言的形式呈現，尤其以道家的玄思爲詩情的媒介。

秋水悠悠浸野扉，夢中來數覺來稀。

玄蟬去盡葉黃落，一樹冬青人未歸。

城郭休過識者稀，哀猿啼處有柴扉。

滄江白石樵漁路，日暮歸來雨滿衣。

（訪隱者不遇成二絕）

隱逸之士在傳統儒道兩家的經典中，皆有相當的地位。即以義山詩觀之，「許由逃堯」的故事，以及迴遊江湖天地的憧憬，都透露出隱者的重要性。詩人流放遠遊旅途中的鄉愁，除了暫時寄情外物與逆旅，如果無法返回帝都，詩人通常以隱逸山林爲另一種歸宿。

無論儒家或道家，隱居絕非以孤絕的生活爲理想。隱居所斂藏起來的不是形軀，而是功名事業之心。人生的志向不再以帝都的生活爲歸宿，轉而寄情於田園山林之中，人情交際感通的歡樂：

看山對酒君思我，聽鼓離城我訪君。
臘雪已添牆下水，齋鐘不散檻前雲。
陰移竹柏濃還淡，歌雜漁樵斷更聞。
亦擬村南買煙舍，子孫相約事耕耘。
（子初郊墅）

義山善以空間的標點，敷衍時間的想像。山水漁樵拉開視域，而鼓聲的介入使生存的界域更爲遼闊，也更爲疏遠。一個超乎生命倏短的生存境界，無形流波的鐘聲竟然驅不散檻前的雲影，時間的流動彷彿已經凝結。可見的竹柏陰影由濃而淡，無形的漁樵歌呼斷續隱顯，生命未能稍息的流離，詩人將之歸宿到買舍村南。生命在流離的無奈裡，超度此身而寄於山林隱逸的生命情境中。

山居的白描，山裡的松林、草露、山光、雲影，都在呼吸之間，與山居的生活溶成一體。它展現了一個人與山林和合的憧憬。但是單純置身山林裡的自在，生活在山野田園模糊了生活的現實，看不見生命的反省，純然一派田園牧歌式的天眞簡單，豈堪久玩。詩人偶而閱讀的視角首先隨著連翩的飛鳥，瞟向無垠的天際，那是亙古以來，漠漠的天穹。連綿的山巒，連山的秋色，絕不是玩弄一抹雲，一片林，這麼輕巧的遊戲之作而已 。 因此上山 ， 高瞻飛鳥連翩，秋色連山，下山低迴生事，惆悵無極。歲時的感傷總意謂著對有限人生的反省，代表著爲生命定位的煩惱。

在物我彼此的架構裡，思索著我的意義。詩總是詩人自我情志的抒寫，而所謂山水田園之詩，並不在於外在景物，瑣瑣屑屑零碎地描述，而是如繪畫一樣，透過色彩線條的布局，形構光譜明暗的層級，操縱紛陳的個體形象，表達超出形象之外的理念。

利用明暗光影所形構的譜系，以平鋪的線條抽繹萬有內蘊的理想，表構爲雖然背離現實，卻以超越感官的啓示，使我們直接觸及實在。山林隱逸是重重放逐的開始，走出京城，遠離形象統治的羅網，超脫視覺知識的監控，視覺是人類絕大部份的知識內容的來源，取得世界的確定性。從歷史的超然通觀復歸視覺的領域，但是那自在鑒臨的日光是形象的創造者，它享有藝術家同樣的自由，甚至超越個體的局限，展示了永恆的曠觀。自由並非混亂的獨斷，而是超越個體格局的逍遙。山林江湖天地所代表的不止是單純的視覺影像，而是詩人從功名事業的羅網中流放出來的逍遙之域。

透明的光影宰制視線的確認，明滅的光影與飄忽的線條，盡皆游移於視域的邊界。視覺造成的隔離，造成共存並立的自由自在。超出視線監控的距離，卻允許互攝的想像。孤絕的山林，疏離的江湖，與城居的喧囂隔絕，空山中，樹梢的芙蓉花兀自盛開著。喧嘩山澗旁的小屋空寂無人，盛開的芙蓉就在這幽谷、響川、空屋之間，自在地開落。

天地江湖日月並非簡單地描繪景物，更不單純地呈現自然風景。義山的視覺想像構圖中，最耐人尋味的就是人在風景中標註的時光之流。時光的流沔是生命綿延最佳的類比，「人跡」表現了現在的「空無」。比如義山訪隱不遇，以及憶往的詩篇，人跡存亡的明暗對映，構成時光流動的韻律，更是生命綿延的最佳詮釋。「光」凌駕形下的萬有，因此超越個體形象「過去－現在－未來」的局限，表現普遍而永恆的存有。殘餘的光影消逝於視域裡，有無之間，預示著我們看不見的生命之流。明滅有無的光影，曖昧朦朧的光景，突破了我們對存在的確認與執著。自人群中放逐，使得自我的生命無比清明，也無比地孤絕。獨對個體生命的際限，唯有一氣流行的天籟，與亙古映耀的日月。

所謂臨界情境是指：生死有無之際，善惡是非之間。生死交關與善惡交戰，個人對自身存在情境的超度，最能表現一個人對生命意義的回答。義山在江湖天地日月形構的綿延的風景線，勾畫出謫臣逐客的心情，描繪出孤絕的身影。

永憶江湖歸白髮，欲迴天地入扁舟。

上述的要素寫城與野的相對與相屬，寫帝都是逐臣背離與歸向的起點與終點。調動讀者宏觀的想像，同時自天地的宏觀返照詩人孑然此身立足之處，形構互動的宏觀焦點與微觀焦點。將平面畫幅的想像引渡進入超乎人間歷史的通觀之流裡。詩人是乘著流放的孤舟，虛懸一片鄉愁，渡入歷史的長河，尋找更高明更深遠的生命歸宿。江湖是逐臣生命當下的安頓，此所以人曰「永憶」之故。「永」字既將生存的引渡進入永恆，也呼應著滿地江湖的漂流。

日下繁香不自持，月中流豔與誰期。

（曲池）

院門晝鎖迴廊靜，秋日當階柿葉陰。

（華師）

先知風起月含暈，尚自露寒花未開。

（正月崇讓宅）

日向花間留返照。雲從城上結層陰。

三年已制思鄉淚，更入新年恐不禁。

（寫意）

日月風雲皆脫出歷史的刻度，詩人自日月的高度，迴遊江湖天地的曠觀，回顧當下生存的境地，超度對生命流逝的感傷，黯澹的心境與鬱積的鄉愁，將想像推至崩潰的邊緣。刻劃鄉愁飽和的邊界，啓發情緒崩潰的想像。永憶生命意義座標的鄉愁，因孑然此身的衰病所斷限的，永恆歸宿的嚮往，寄託於未繫之孤舟的浪跡天涯，此即李義山深得杜工部「飄飄何所似，天地一沙鷗」之旨者。孤舟不繫，浪跡天涯，彷彿深味於逍遙，其實正因詩人無法解脫身體形象的執著，於故園永憶於心，於孤絕未能釋懷。義山雖能藉《莊子·秋水》以明志，但未必深契逍遙無己之旨。因此我們將進入神話的世界，藉虛構的天地日月江湖，作天外之想的逍遙，開生命的新境。

第三節 永恒的鄉愁

詩人從物我對立的僵持，起居繁鎖的侷促，幽居小小家園的鬱鬱，逆旅中逐臣的鄉愁，懷古詠史的陷溺，翹首青天，盼望超度生命局限的妙道。縱然置身歷史的洪流，才命相妨的史觀格局無法舒解義山人生的困頓之情，所以我們繼續在詩人的語言迷宮中尋覓生存之道。

神仙道化之說是超度歷史記憶牢籠的終南捷徑，神話可以說就是「虛構的歷史」，神話事件中的人物形象、人際關係、故事布局、景物風光、歷史紀年，全都是子虛烏有，荒唐無稽的虛構。但是神話卻襲取了歷史故事的形構，人物、事件、地理、年代，愚弄我們的記憶。

然而正因爲神話挑起我們對歷史的想像，卻又因爲明顯的背離歷史而引導我們的想像進入一個遼闊的生命領域。以下將藉李商隱詩集的冠絕之作〈錦瑟〉，演繹出義山詩的最高境界。

錦瑟無端五十弦，一弦一柱思華年。

莊生曉夢迷蝴蝶，望帝春心託杜鵑。

滄海月明珠有淚，藍田日暖玉生煙。

此情可待成追憶，只是當時已惘然。

（錦瑟）

〈錦瑟〉是李商隱詩集中備受爭議的一首七律，〈錦瑟〉之美與〈錦瑟〉之難解亦早有定評。南宋末年，金國詩人元好問〈論詩絕句〉就說道：「望帝春心託杜鵑，佳人錦瑟怨華年。詩家總愛西崑好，獨恨無人作鄭箋。」悠悠千載，詩人當時惘然之情，也凝爲千古懸案，然究竟是何等情癡，讓後人共此沉醉？

義山的詩，喜用典故，詩意如謎。讀義山之詩，彷彿進入絢麗耀眼的迷城，如果不知依循典故寓意，極難領略其中情味。然而，李商隱內心深沉的悲情，字字句句都坦陳在讀者眼前，只要解明詩句中的典故，謎語背後交織的眞情，自然娓娓道出。

〈錦瑟〉詩成以來，儘管有歷代名家窮索詩意，但義山的眞情仍在煙籠霧繞之中。本文預設，詩人眞心應在謬思的最高峰，讀者理當昇上終極關懷的巔頂，由統宗會元的理念下貫紛紜情色。中國詩情豈能不關乎人生存的根本？不明詩心之主，當然使外魔交鬨於內，惟有歸宗返本，方得心意相通。

一、錦瑟無端五十弦，一弦一柱思華年。

「錦瑟」是裝飾華麗的弦樂器，通常爲二十五弦，也有五弦，十五弦，二十三弦，三十五弦。相傳瑟本爲五十弦，由於五十弦之樂過於悲切，故破而爲二[14]。「錦瑟五十弦」，以析爲二十五弦的斷離，點明了別離之情。令人黯然銷魂，惟有生離死別。不忍分離的深情於是穿過一個一個旖旎的故事，緊緊扣住你我的心弦。斷弦之說並非唯一的詮釋，僅就弦樂悠揚無形言之，音樂與生命的類比早已見諸前文之中，而義山依音樂演奏綿延歷時，引出對生命遷遷流謝的感懷，正可扣緊上文所言音樂與生命的類比。

「一弦一柱思華年」，李商隱不忍捨離的，不是具體的人物，也不是虛幻的想像，而是生命自身。一弦一柱，想的是風流華年，思的是蓬勃生趣。千餘年來，詩篇千萬，其中吟詠離愁別緒的詩句，不可勝數，但是絕少有以生命的鄉愁破題的詩人。

追想華年綺貌，表達對生命流逝的感傷，一直是中國詩人共通的關懷。生之感傷，死之焦慮，都是對生存基礎的初步反省。在喪亂饑饉中，傳統的信仰逐漸瓦解。造生、載行之天不再關照矜憐：

天之生我，我辰安在？（詩·小雅小弁）

這不仁不慈的天，竟罔顧一切的哀求祝禱，怎不教人心存懷疑、心生怨憎。一旦連基本的生存也受到直接的威脅，覆載育養生命的世界崩解，那作爲生存根基的天怎不教人懷疑？而天的造生及載行性格也告隱退。現實的磨難，莫測的命運、死亡的焦慮，動搖了對人生的信心。生命變得漫無目標，無處掛褡 。既不能在個體自身找到生命的意義，也無法在個體生命之外覓得自身存在的價值。義山的這份生命體悟，由「無端」一詞的否定見眞章。

「無端」者何也？《莊子·在宥》曰：

處乎無響，行乎無方，挈汝適復之撓撓，以遊無端。出入無旁，與日無始。頌論形軀，合乎大同，大同而無己。

這一整段論述運用數個否定詞，這些否定詞皆爲存有的否定，最後歸結於無端涯之逍遙遊。欲同乎逍遙必須深契於「至人無己」之旨。錦瑟詩之破題關鍵豈非生之「無端」乎？感於生存根由之無端，遂興惘然追憶之歎，其中全繫於形軀有無之變也。故尋繹〈錦瑟〉之旨，必映耀莊子「物化」之趣也。生死臨界正爲生命形態轉化的一大關節，身滅則命絕，詩人於此實有無限悲情哀思也。

中國人至今在遇到艱難困窮時，仍然不免呼天。傳統信仰雖然失去獨佔的權威，但是生離死別的困局恆常地存在於每一個人的人生裡。天帝信仰因爲天子失德而墮落了，《莊子》的作者對生死交關，善惡交戰，不能不有所對應。窮搜極索存有的根據，找出生存的基礎，確立生命的意義，這種返本歸宗的省思，就是我們永恆的鄉愁，永生的鄉愁。

李商隱難解的無端詩意，一開始就貞定在生離死別的場景裡，從感懷追想生命的流逝，展開詩人華麗的思辨。因爲音樂的音響不稍停歇，乍聞即默，足以表述生命無情流逝的現實。由此揭示了〈錦瑟〉超凡入聖的詩意境界。

二、莊生曉夢迷蝴蝶，望帝春心託杜鵑。

「莊生」是《莊子·齊物論》裡，歡愉地夢見自己成爲蝴蝶的莊周。莊周夢見自己成了蝴蝶，蝴蝶很滿意自己是一隻蝴蝶，並不在乎那個作夢的人是誰了。夢醒時分，莊周又滿以爲自己是一個人了。

表面上莊周夢蝶描繪的是一個逍遙迷夢，但是身體形象間的變化卻是《莊子》的一大主題。《莊子·齊物論》裡第一個問題就是：「形固然可以如同槁木，但是心可以如同死灰嗎？」

「心」與「形」的對比爲了說明人突破生命極限的願望。生命的極限表現爲身體形象的衰毀變形，也就是衰老與死亡。如果我們執著於自己既有的生命形象，難免因愛而生悲。眼見生命隨著形體的衰頹，一分一分地死去，而我們的心卻固守著身體形象所框起來的生命之愛。心與形的掙扎，訴說生死弔詭間，絕望的愛。

莊周夢蝶，究竟是莊周夢為蝴蝶？或者蝴蝶夢為莊周？莊周與蝴蝶，到底是誰夢見了誰？誰又被誰所夢？從《莊子·齊物論》「天地與我並生，萬物與我為一」的觀點來看，這一切形象的變化無損於生命本身，反而是那一顆緊抱著生命幻影的心才是最有害的。而莊子就在此一背景下，批判地繼承傳統對於天的信仰，並試圖以「道」重訂生存與價值的理念內涵。

> 死生亦大矣，而不得與之變；雖天地覆墜，亦將不與之遺。審乎無假，而不與物遷；命物之化，而守其宗也。（德充符）

死亡的焦慮，天地覆墜的幻滅，都會動搖立身的基礎。唯有體悟至道之人，始能「不與之變」、「不與之遺」、「不與物遷」，而確立這生存根基的保證，來自於「道」。同時，悟道之人也取代了受命於天，作為天、人中介的「天子」。

> 道與之貌，天與之形，惡得不謂之人？……天選之形，子以堅白鳴。（德充符）

道給了人容貌，天給了人形體。這裡以「天」「道」並舉，賦予人形體和相貌。〈大宗師〉裡還有一段故事是說：子輿帶著食物去探望貧困的好友子桑，當他聽見子桑微弱又不成曲調的歌聲時，感到十分迷惑，子桑回答他：

> 吾思夫使我至此極者而弗得也。父母豈欲吾貧哉？天無私覆，地無私載，天地豈私貧我哉？……(大宗師)

從上述的資料來看，這一類有意志、有作爲的「天」，可以給人形體、使人貧困、予人刑罰，其實正是傳統天的啓示與審判性格。[15]就這一點而言，我們可以說莊子的「天」概念確有繼承傳統天的啓示與審判之價值義，然而此中仍有一極重要並且爲關鍵之差異，即啓示與審判之途徑與方式。傳統天之啓示與審判，俱繫乎「天子」，《莊子》卻不是假手天子，而是以規律、眞理或眞知的面貌呈現的，《莊子》內篇中，有時以「道」名之，或者以「天」名之。以「天」爲規律、眞知或眞理，其實是強調規律、眞知、原理之「自然」義。[16]這「自然」不是宇宙、科學或物理學之「自然」，而是自主、自在，「自己如此」的意思。

子游曰：地籟則眾竅是已，人籟則比竹是已，敢問天籟？子綦曰：「夫吹萬不同，而使其自己也；咸其自取，怒者其誰邪？」（齊物論）

作爲眞知的「天」，也是取「自然」之義。〈齊物論〉有段文字探討是非、彼此、可不可並生相待的問題，指出一般人無法擺脫這兩極的對立關係，所以執著成見，言辯不休。唯有聖人，既不站在「是」或「可」的一端，也不站在「非」或「不可」的一端，而是以眞知洞察，因任是非兩化：

是以聖人不由，而照之於天，亦因是也。（齊物論）

聖人的眞知洞明，乃得之自然，所以把這自然之明，稱之爲「天」。以「天」表示眞知，可見莊子對天之啓示性格仍然肯定。所以，下文將進一步分析，說明莊子以「天」爲眞知、原理時，實兼有價值或終極價值義。內七篇中，以

「天」指稱自然之原理時，既有根源、原理的意義，同時有價值依歸之意涵：

是以聖人不由，而照之於天。（齊物論）

是以聖人和之以是非而休乎天鈞。（齊物論）

依乎天理，批大卻，導大窾。（養生主）

這一類「天」也往往與「人」對舉，以代表較高之價值或價值之最後判準：

既受食於天，又惡用人？有人之形，無人之情。有人之形，故群於人，無人之情，故是非不得於其身。眇乎小哉，所以屬人也；謷乎大哉，獨成其天。（德充符）

〈大宗師〉裡，亦有幾處以天、人對比的方式，描寫體現價值理想的「眞人」：

古之眞人，其寢不夢，…其嗜欲深者，其天機淺。…不以心損道，不以人助天，是之謂眞人。天與人不相勝也，是之謂眞人。（大宗師）

眞人是呈現價值理想之人，而「天」正是價值判準及價值理想。所以既「不以人助天」，亦不容以人害天，「天與人不相勝」的天人關係中，人的有限性。那麼這天人之際，當如何抉擇呢？〈大宗師〉裡借孔子和子貢的對話，巧妙地透露出來：

孔子曰：「丘，天之戮民也。雖然，吾與女共之。」

子貢曰：「敢問其方？」

孔子曰：「魚相造乎江湖，人相忘乎道術。」

子貢曰：「敢問畸人？」

曰：「畸人者，畸於人而侔於天。故曰：天之小人，人之君子；天之君子，人之小人也。」

孔子以「遊於方之內」而自認是「天之戮民」，但是仍勉勵子貢共同追求遊於內外之道。可是那悠遊方外之人，神遊於塵世之外，逍遙自得於自然之境，「惡能憒憒然爲世俗之禮，以觀衆人之耳目哉！」身居俗世，神遊方外，既然不屑拘守世俗之禮，那麼子貢不禁要問：像這種不合於世俗的異人到底是怎麼回事呢？孔子認爲這種人異於世俗卻合於自然，從自然的觀點看雖是小人，卻成爲人間的君子；從自然的觀點看雖是君子，卻成了人間的小人。既然心中已有冥合自然的企求，那麼努力成爲「天之君子」以「侔於天」，其以「天」爲終極價值理想，已無疑義。

但是，雖然以「天」爲價值判準及價值理想，並不因此否定人的存在和價值：

故其好之也一，其弗好之也一，其一也一，其不一也一。……（大宗師）

不管人喜歡或不喜歡，天人都是合一的。不管人認爲合一或不合一，天人也都是合一的。認爲天人合一的，就是「與天爲徒」；認爲天人不合一的，就是「與人爲徒」，但是把天人看作不對立而合一的，就叫做「眞人」。所以：

造適不及笑，獻笑不及排，安排而去化，乃入於寥天一。（大宗師）

能順任自然，由大化流轉，就可進入虛空寂寥與天爲一的境界了。這「寥天一」，宣穎以爲：

即道也，即大宗師也。（南華經解卷六）

大宗師從形象之迷中解脫，自由的高明之心視人間的生死，猶如一場角色遞換的遊戲，勘破形象無謂的執迷，不必清醒，何須分明？衆生混跡紅塵，難以自拔，惘然不知打通生死兩極，徒然追憶虛幻的想像。李商隱由錦瑟無端離斷，點出年華流轉的追思，感歎歲月無情，而衆生未免有情，於是極需有大智慧以勘破生死之迷。「莊生曉夢迷蝴蝶」引出《莊子·齊物論》，「天地與我並生，萬物與我爲一」的生命反省，那麼生有何歡，死又何懼？

古人原本憑藉天子以天命建立的人間秩序，穩住生死的懸念。但是天子失德，人間的神聖秩序崩解，新的價值理想應運而生。《莊子》重整天帝理念，以「天」「道」建立新的價值理想，安定生死弔詭之中，逐物不返的迷亂人心。如果沒有眞人眞知的觀照，已迷的人心如何能返本歸宗呢？因此我們得以繼續變形的生命之旅。

「望帝」名杜宇，曾經在蜀地稱王，號稱望帝。傳說杜宇死後，化爲杜鵑鳥[17]。這個蜀地的傳說還可能攸關一個不死的神話，一個長壽的王室，以及死而復活的嚮往。據說蜀地曾有一個王朝，歷代的國王都在位數百年，人民也長生不死。周朝末年，杜宇即位，時逢洪水爲患，他派賢臣治水。但是杜宇卻趁賢臣治水的空檔，與他的妻子私通。杜宇因爲自責，禪位給賢臣，自我放逐，遠走他鄉。後來蜀地的人民因爲懷念望帝，傳說杜宇化爲杜鵑鳥，生生世世傾訴著離愁別緒，讓人感懷至今。

這個傳說有兩個永恆的主題。自古以來，縱然是帝王將相，也逃不過死亡的終局。而「天地與我並生，萬物與我爲一」的信仰，使人相信生命可以天長地久，不必局限於單一的生命形態，因此無懼於短暫的人生，而寄託於萬化之無極。

三、滄海月明珠有淚，藍田日暖玉生煙。

「珠淚」則是一個有關人魚的傳說。據說南海有人魚，雖然居住海中，但是能像人一樣紡織。有人魚從水中到人間，借住某一人家，販賣人魚所織的絲綢。當人魚要返回水鄉，請主人家拿給他一個容器。人魚的眼淚化爲珍珠，盛了滿滿一容器。[18]

另有一說，南海人魚每在月明之夜，會浮游海上，望月而泣。他們盈盈的淚滴，就變成了珍珠。[19]傳說珍珠還會隨月圓而圓，月缺而缺。滄海月明，人魚有情，淚滴成珠，誘引詩人無窮的靈感。人魚望月而泣，是否又隱涵著一段幽豔、一番深情呢？

「藍田」地名，屬今陝西藍田境，古代以產玉聞名。傳說玉礦所在之處，不易尋獲，但在日照之下，藏玉之地會有煙氣上昇，採玉之人循此以獲美玉。另一說是指吳女紫玉化身如煙。[20]俗見的「藍田生玉」一詞是贊美他人得賢子女；[21]而「藍田日暖，良玉生煙」又常用來形容詩人所創造的景象，總是如煙似幻，可望而不可即。[22]當然也有人認爲：李商隱此句乃隱喻歡樂，尤其是男歡女愛之情[23]。然而暫且不管這些，至少良玉生煙的神話表達了玉與煙之間的轉化，展現了天地並生，萬物一氣流行的想象。

「化身」或「物化」的理論基礎在於，萬物的存在必須有共通的根本，此即〈大宗師〉對於「道」之說明。其中明白揭示「道」才是眞正的存有根基。無論就時空序列或創生而言，「道」都是先於天地的。在時間上，道是「先天地生而不爲久，長於上古而不爲老」；空間上，道是「在太極之先而不爲高，在六極之下而不爲深」；就生存的根源論，道是「生天生地」的大本。這不僅肯定「道」作爲萬有生存的根基，同時也否定「天」作爲生存根源的權威。天既不能自生，也非造生載行的生命根基，那麼天作爲絕對主宰者的地位亦告喪失，轉爲「道」所取代。

道具有獨立自存的性格。也就是說「道」自爲根本，在道之前或道之上再無更終極的存有基礎。〈齊物論〉裡說：「道惡乎往而不存」、「道未始有封」，也是肯定道的無所不在，無邊無界。

從以上的分析來看，「自本自根」、「生天生地」的「道」，已取代了傳統「天」的造生性格。但是「道」並不具有擬人化的性格，「道」與人亦無傳統天人之間的親密關係，只是作爲存有的根源基礎。「道」既爲存有的根基，是否也具備載行性格呢？

道行之而成，物謂之而然。（齊物論）

道不僅造生，並且遍在流行以保証並支持這生存的「有」。

傳統天的載行性格是以「天子」爲中介代行天命。[24]而「道」的載行是經由「聖人」、「神人」、「眞人」、「至人」具體化：

至人無己、神人無功，聖人無名。（逍遙遊）

「至人」、「神人」、「聖人」不只在名相上取代傳統載行天命的「天子」，更以「無己」、「無功」、「無名」取代「作之君、作之師」的「天子」在政治、道德與教育百姓上的權威與優越。以修道之人、達道之士取代「天子」，正是莊子以「道」取代傳統「天」之關鍵。

以無端破題，繼之言莊生化蝶，望帝化鳥，鮫人汨珠，暖玉昇煙，全詩題旨甚明，且緊繫於生命歸宿之天問也。流年似水，芳華易逝，詩人惘然追憶者，自是浩渺煙波裡孤舟一葉之身也。《莊子》達道眞人的理想，令詩人得以縱浪大化，自由地轉換媒體的形象，傳達生命永恆的價值理念。所以忽而莊周化蝶，忽而望帝爲鵑。滄海蛟人泣淚成酬恩之珠，藍田暖玉氤氳生生之息。

四、此情可待成追憶，只是當時已惘然。

〈錦瑟〉這首詩是義山詩作中，尤其難解的一首詩。如果我們固執地堅持此詩只有一種涵意，很容易走進死角，困在意義的迷宮之中。現在我們採取一種開放的態度，允許任何持之有故，言之成理的解釋，讓它們紛然並陳，自在地點染我們的謬思，啓發人生的意義。

一種通行的說法：主張錦瑟斷弦意味著喪偶。主題一定下來，接下去的典故寓意也就被局限在一定的範圍裡。莊生清曉的幽夢，便只是詩人自述早晨起身的實況；或者莊子喪妻，鼓盆而歌的比附。望帝杜鵑的故事直寫相思，明月意謂團圓的嚮往，人魚的珠淚自然也成了悲情的宣言，藍田生玉的景況則變成愛情的寫實。

如果順著斷弦喪偶的說法來看錦瑟，自也有一番淒迷豔情，足以讓人蕩氣迴腸。[25]而且使後人對李商隱的深情，有了一種柔腸百轉，千迴百折的領悟。因此，當時的惘然，如今的追憶，透露出詩人的惋惜與追悔。但是前面已經說過，斷弦所寓的離愁，直指似水流年。從破題處來看，即使是詩人悼亡，所悼的也是青春年華，並沒有線索確指悼念亡妻。而且「續弦」之說後於李商隱所生的時代，堅持悼亡之說，不免有牽強附會的嫌疑。[26]

還有一種說法：完全從政治性的角度來看，把政治領袖比喻爲愛人，纏綿的柔情被解譯成政治的熱望。[27]從《詩經》以下，有許多詩歌與解讀詩的人，的確採取這種形式，表達與詮釋權力的欲望。這種形式在騷、賦中，相當普遍。我們當然可以允許這種詮釋，但是卻也不必如此地泛政治化。

再有一種說法：以爲〈錦瑟〉只是單純的抒寫鄉愁。[28]所以斷弦只是譬喻分離的實況，莊生曉夢則點出詩人迷離的情懷，杜宇子規敘述異鄉遊子的懷想，滄海月明期盼團圓，藍田日暖直寫閨房之樂。這一切令人掛念的歡樂趣，離別苦，當我們身在其中，常常與之浮沉，不能自主，不識箇中眞味。詩人跳出迷情，反身觀照，猶如隔岸觀火，因爲採取距離，而得以清明了悟。

當時的惘然，此刻的了悟，恰好說明了離異的處境，以及放逐的意義。我們經常在走出當下的生活之後，在生命的異鄉豁然領悟人生。

五、從迷亂中見真常

除了上述幾種說法，從〈錦瑟〉之中，我們似乎還有詮釋的空間，扣緊層疊的典故，演譯出一番對人生深湛的省思。莊生的蝴蝶夢出自〈齊物論〉，我們實在很難忽視這背後豐富的寓意。[29]「莊周夢蝶」這個寓言在於申述莊子的「物化」，莊子所謂物化是指生命形態的變化，無論以人的形象生存著，或是轉化爲草木蟲魚鳥獸的形象存在著，在莊子看來，都只是一氣之流行，萬化而無極。

只因天地萬物是一體流行的紛繁形象，所以我們的生命將不受身體形象的限制，不再以生死爲界標，脫免生離死別的種種焦慮。

一般人只著眼於望帝杜鵑故事的表面，襲取其中鄉愁的寓意，而忽略了故事的關鍵，那就是攸關生死的想像，以及人可化鳥的物化觀。說故事的人本來就環繞著生死的主題，所以才會編織出一個長生的王室與人民，而杜宇與子民生離死別的場景，突顯了人與鳥之間生命的轉化，以及生命的綿延不絕。

杜宇化爲杜鵑，涵意如此明白，生死與物化的主題如此顯豁，我們豈能刻意忽視？而且扣合上句追思華年的主題，更令我們得以順理成章地如此推想。滄海月明未必就能圓滿，硬說是憧憬團圓似嫌勉強，重點或許在鮫人所居的滄海。珠淚不必關乎悲情，而典故之中卻有報恩與贈別之意，贈別與返鄉之際，心中無限感激可以化爲滿盤珍珠，豈不又是物化？生命眞情的寄託，總能轉化爲異物，正好說明生命突破形象的界限，與天地並生，與萬物爲一。

人魚雖爲異類，但一樣可以結交人類，雖有生離死別，但深情託於異物，終可以無憾。從追思華年以下，脈絡宛然可見，總之不離生命的逍遙自在。

藍田日暖而良玉生煙，以生動的奇景，引導我們想像天地萬物一體流行的生機。即使我們引申藍田生玉爲男歡女愛，仍然無礙於我們這樣的詮釋，反而更加強了它的生動。

既然上面每一個故事都開示了超脫之道，追憶與惘然又豈能還是追悔與遺憾？所以，「此情可待成追憶，只是當時已惘然」其實是一種了悟與開示。「當時」是指人以人的生命形態與萬物纏綿糾葛之際，因爲有愛有執，難以解脫，心情受外物牽引，無法自主，與世浮沉，悲喜不能隨心。

這種受制於外緣，不能自主的心情，讓我們念念不忘，追悔不已，實在是生命沉重的負擔。詩人明明白白地說：再遺憾也已經如春夢無痕，如果還看不見生命的實相，徒然追憶幻夢的無聊，仍然被幻象所束縛拘執，那豈不是正落入詩句所諷的無奈與茫然之中了嗎？

在衆多詩意的聯想之外，我們追尋典故的遺跡，揣想詩人幽遠的心意，從生命的鄉愁破題，以莊子心與形對比的詮釋結構，摹寫每一個相思背後，人生境界的省思。種種的離別，只因執著人生既成的形象，而悲哀徬徨。詩人巧運傳說故事中，一幕一幕生命形象的變化，烘托出超度悲情的生機，隱隱融入大化流行的悠悠天地，返回不拘形骸變亂的生命本眞，是我們在錦瑟清音之中的另一番了悟。

既然以「無端」之否定，取消慣俗不可深問的生存根源，而欲以追究生命意義與生涯歸宿破題，莊生「物化」之道則不可不知。莊子所稱之「道」不僅取代「天」作爲萬有存在的根源，亦是莊子所肯定的價值理想。那麼「道」亦當具有作爲價值判準及價值依歸的啓示與審判性格：

「道」的性格如何呢？〈大宗師〉裡也有充分的描述：

> 夫道有情有信，無爲無形，可傳而不可受，可得而不可見。……

「道」是眞實的，所以說「有情有信」。「道」的眞實是超越形跡的，所以是「無爲無形」。既然超越形跡，那麼感官知覺自然無法感知「道」，所以說「不可受」、「不可見」。雖無法感知，卻並非「空無」，還是可以傳達、可以掌握，所以說「可傳」、「可得」。「道」如何既有又無，既可又不可呢？這是莊子常用的詮表方式，特別是用以詮表「道」的時候。莊子對於語言名相的解析、使用並不反對，甚至極盡能事地使用名言，待名言窮盡則進一步超越名言。欲行超越，則必先通透既有之名相及語言系統。「道」作爲天地萬有生存之根基，豈是語言名相可以窮盡說明？然而「道」亦並非不可解釋，所以莊子以各種方式說「道」，而

「有」與「無」都是詮表道的名相，一切的描述或詮表都是通往「道」的門徑。

大道固然不能執於名相、言詮，所以說「大道不稱」、「道昭而不道」；但是「道」是可以「昭」顯的，也就是說道是有啓示性格的。可以啓示才有顯、隱的問題，只是道的啓示並非時時彰著，所以會有隱蔽。因此李義山將生存的根基歸諸「無端」實深契於老莊虛無之旨也：

道惡乎隱而有眞僞？……道隱於小成。（齊物論）

道是怎樣被隱蔽而有眞僞的分別呢？原來是被「小成」所隱蔽的。何謂「小成」？宣穎說：「偏見之人乃致道隱耳」。（南華經解卷二）彼此的對立，是非的堅持、愛惡的執著皆屬「偏見」，所以說：

是非之彰也，道之所以虧也。道之所以虧，愛之所以成。（齊物論）

一旦堅持是非照然、愛憎分明，道就有「虧」。這「虧」損當然不是常識世界裡計量的多寡盈虧，而是指道之不能全然如實開顯。

彼是莫得其偶，謂之道樞。

道通爲一。……凡物無成與毀，復通爲一。唯達者知通爲一，……因是已。已而不知其然，謂之道。

（〈齊物論〉）

沒有彼此、是非、成毀…等對立，道本是渾然全整的，所以說「道通爲一」。道通爲一豈不正所謂「無端」，泯除對立與差別是得道的關鍵，正破解世俗人執一端以爲有之蔽也。然而誰能掌握得道的關鍵並體悟「道通爲一」的眞實呢？唯有「達者」。達者並非某一特定之人，更不是具有權威和優越感的「天子」，而是莊子所謂的「眞人」、「至人」、「神人」。所以，「達道」的境界與可能是開放給每一個願意修道的人，或許是「眞人」：

是知之能登假於道者也若此。……受而喜之，忘而復之，是之謂不以心損道，不以人助天，是之謂眞人。（大宗師）

或許是「至人」：

至人之用心若鏡，不將不迎，應而不藏，故能勝物而不傷。（應帝王）

或者是「聖人」：

審乎無假，而不與物遷，命物之化，而守其宗。（德充符）

或者是「神人」：

之德也，將旁礴萬物，以爲一世蘄乎亂，孰弊弊焉以天下爲事？（逍遙遊）

道的虛無透過「達道之士」的性格具體顯現，而「達道之士」又以「至人無己、神人無功、聖人無名」代表一個徹底的精神解放。此一精神解放，正是莊子對古代天帝信仰的批判，不僅以「道」代「天」作爲價值理想，並把價值理想——道的詮釋及掌握，還諸修道之人。對修道之人，「達道」只有途徑與工夫的問題，沒有身分與權力的限制。要如何「達道」呢？關鍵當在「無己」、「無功」、「無名」的「無」

字所蘊含的超越和解放。如何透過「無」的力量，使人從有功、有名、有己的桎梏中解放出來呢？〈應帝王〉這一段文字有明確的點化：

> 功蓋天下，而似不自己；化貸萬物，而民弗恃；有莫舉名，使物自喜；立乎不測，而遊於無有者也。

當人從「有」執的世界中解放以後，便可「遊於無有」，這「無有」便是「道」的巧妙詮釋，無有並非一無所有，而是「虛」：

> 無爲名尸，無爲謀府，無爲事任，無爲知主。體盡無窮，而遊無朕。盡其所受乎天，而無見得，亦虛而已。（應帝王）

將一切的解放、超越歸結到「虛」的概念下，我們更容易掌握「道」的虛無性格，因爲「虛」既是道的形容，也是得道的工夫。

「此時追憶」與「當時惘然」皆繫於生命歷程的斷片，執著瞬間留影於心間的生活斷片以爲眞實，遂生無限憾恨。「此時追憶」乃對「當時惘然」之否定，「惘然」是清醒獨對自我之否定也。執著追憶瞬逝的生命幻影，不如心齋坐忘而同於大通也。

人與花鳥魚怪的變身相化，是同於大通的寓言。「道」既爲生存的根基與價値理想，自然不能只是「無」，生存的根源若歸於「沒有」，那麼生存的根基與生存的價値豈不遽然失去依據？然而「道」又不能是「有」，一旦執於有，則有形、有己、有知、有爲、有功、有名……形成堅實的個體生命，這有限的個體如何能貞定生命、成爲終極的價值理想呢？唯有能虛而待物，達觀生死，深明莊子齊物逍遙之旨，方可超度人生無盡生離死別之恨，解脫封限生命格局之沉重鄉愁。

透過「虛」來瞭解「無」，進而以虛無來保証作爲價值理想的「道」，才能夠天長地久，綿綿若存。變形中流轉的逍遙自在，是集虛之道最佳的詮釋。所以《莊子》可以說是以否定永恆不變的故鄉憧憬，將我們從永恆的鄉愁裡解放出來。而〈錦瑟〉以無端破題，繼之以莊子「物化」之旨，結之以追憶之惘然，實爲生存意義的反思，以否定詞爲跳板，彈入莊子逍遙物化之境。並以否定「記憶」的意義，突破此身的頑執，解脫有身之大患也。

〈錦瑟〉一詩實可爲義山一生精采絕豔最佳之註腳，其「無端」之詞否定生命根緣之執著，其「惘然」否定生活瞬間影像片斷之實在，兩重否定使讀者超脫錦瑟此身繁華嚴飾之執，度入音韻飄邈的無何有之鄉，逍遙於視野迷離的廣漠之野。詩人之生命才情，至此無可品評矣。

【註釋】

[1]王夢鷗《中國文學理論與實踐》（同上）頁262。

[2]王夢鷗，同上，頁276-7。虛構的定義與評論的依據。

[3]顏崑陽《李商隱詩箋釋方法論》（同上）頁 163-4 。所謂「客觀實證」，其實必先接受其爲客觀化 objectified 的事實，亦即已經物化的事實。這就是「異化 Entfremdung」的開始。

[4]方瑜〈李商隱的詠史詩〉收於《李商隱詩研究論文集》（同上）頁408-9。

[5]王夢鷗，同上，頁278-280。記憶是個人想像力重構的結果。

[6]方瑜，同上，頁431-2。

[7]葉蔥奇《李商隱詩集疏注》（同上）頁122。

[8]劉學鍇，余恕誠《李商隱詩歌集解》（同上）頁1387。

[9]顏崑陽，同上，頁180。

[10]羅宗濤，〈六祖慧能的禪學與中華文化〉收於《中華文化復興月刊》第十二卷第九期，頁64。

[11]羅宗濤〈四傑三李之夢〉收於《第二屆國際唐代學術會議論文集》頁291-2。

[12]顏崑陽，同上，頁169-170。

[13]方瑜〈李商隱的詠史詩〉（同上）頁443-4。

[14]《史記·封禪書》：「太帝使素女鼓五十弦瑟，悲，帝禁不止，故破其為瑟為二十五弦。」。

[15]傅佩榮《儒道天論發微》（臺北：臺灣學生書局，1988）頁40。

[16]傅佩榮《儒道天論發微》（同上）頁255-258。

[17]此為望帝較通行之傳說，見葉蔥奇同上引《蜀記》、《成都記》。

[18]《昭明文選》卷五，左思〈吳都賦〉劉淵林注曰：「鮫人水底居也。俗云：鮫人從水中出，曾寄寓人家，積日賣綃。綃者，竹孚俞也。鮫人臨去，從主人索器，泣而出珠滿盤以與主人。」

[19]晉張華《博物志》卷九：「南海外有鮫人居如魚，不廢織績，其眼能泣珠。」

[20]干寶《搜神記》及《錄異傳》均載此說。

[21]陳壽《三國志》卷六十四〈諸葛恪傳〉注引江表傳曰：「恪少有才名，發藻岐嶷，辯論應機，莫與爲對。權見而奇之，謂瑾曰：藍田生玉，眞不虛也。」

[22]宋王應麟《困學紀聞·評詩》：「司空圖曰：戴容州謂詩家之景，如藍田日暖，良玉生煙，可望而不可置於眉睫之前也。義山玉生煙之句，蓋本於此。」

[23]葉慈奇，同上，頁3。

[24]傅佩榮《儒道天論發微》(臺北：臺灣學生書局，1988）頁60-61。

[25]心史〈李義山「錦瑟」詩考證〉收於《李商隱詩研究論文集》（同上）頁691-2。

[26]陳定山〈「錦瑟」詩箋〉收於《李商隱詩研究論文集》（同上）頁694-5。

[27]高陽〈「錦瑟」詩詳解〉收於《李商隱詩研究論文集》（同上）頁855-6。

[28]葉慈奇，同上，頁3。

[29]邵德潤〈試解「錦瑟」之謎——對李義山「錦瑟」一詩的詮釋〉收於《李商隱詩研究論文集》(同上)頁832-3。引錢鍾書「形象思維」之詮釋。

第六章　結　　論

第一節　物之成毀

以生活起居所見之外物為媒介，是李商隱詩作最基本的元素。而有無的對比是義山使用否定詞的初步。家室所見所用之什物的存在即所謂「有」，而空無毀滅即為對其存有的否定。這是義山最簡單的作法，只要直接否定靜態存在著的外物原有的存在形態即可。義山於此藉著外物生滅成毀的變化，表達情感的不遷。否定詞的作用在於標示某一存有狀態的終結，遂形成一段生存的流程，以及壓縮情感的強度。

所以一物的有無存廢，乃藉以界劃生存的端點。如果沒有否定詞的界限作用，詩人將無法表示其生命的反思。例如義山以「到死」「成灰」形容對外物之存有狀態的實質否定，主旨在於延續此身的無力與此情之不得已。義山將否定詞施之於外物的存有或空無之上，產生對比外物存在之有限與自我情意之無限的作用，達到抒情的效果。然而既然只是一物藐小的存有，對其存有狀態的否定所能達到的效果相當有限。

物原本無法見其生滅流程，即使是生物，若無法構成否定義，標示生存的極限，則不能啓發生命歷程，無由興起生命的反思。存有與空無所構成意義的對比，構成視覺想像的生滅成毀，全賴詩人對否定語法的運用。只是在物象之有無成毀，否定意涵多以存有的空無來形構。

對一室之中微小什物的否定，乃對生活其間自身生命軌跡的界劃度量。界劃此侷促一室的生命軌跡，乃所以映比更長更大的生命格局。但是如果不使用否定詞，將生命的軌跡界限清楚，則詩人對外物的描寫將只得一有限且卑微的複印而已。

第二節　身之存亡

否定詞的使用在於標示生存的極限，以個體生存的極限爲想像的邊界，使我們獲得表述超重的情感的立足點。生命因死亡的界定而殘缺，年華老去固使人心焦，詩人所啓發的應是即使此身不在，此恨猶綿綿不絕也。一條超度此身生死所範限的人生之道，應是我們相思惜別最後的嚮往。

以否定詞爲超度生存界限的起點，指向超越身體存在形式的心的嚮往。心的嚮往藉著身的否定而達成，而且心的意向常以頭的方向來表示，義山以回頭形構身體形象的扭曲，這就是對既有身體形象的否定。在別離的首途，回頭所構成的否定意涵，表達了反抗別離的心意。而在生命流徙的長途上，絕對無法逆轉的人生之旅裡，詩人回頭所弔的將不僅是可以想見的對象，而且是人生徵逐的功名事業。

對於身體形象的否定也不是訴諸直接的否定詞，而是透過對其存有狀態的否定來表述。亦即借著存有狀態的變化或空無，以否定身體形象所寄寓的涵意。白髮正是因爲具有這層否定的意義，所以經常被詩人用來表達生涯的界限。至於人身形影的缺席形成對生存的否定，視覺形象的失落，在這裡只表述了詩人的失望。

詩人對身體形象的否定，首先是視覺形象的變化（雲鬢改），繼之以身體形象的非視覺化（不見人），總之在於存有與空無之間，在生滅變化之中，呈現生命的實相。

另一類以身體想像爲媒介的否定詞，在於對自身生存情境客觀實在性的否定。否定了外在情境的實在性，啓發讀者超脫外在情境的黏滯，而與詩人的自我同遊。「無蝶殷勤收落蕊」點出牡丹的孤絕，而牡丹是否有此孤絕，人固不知也。所以孤絕者實惆悵偃臥之賞花人，悵然獨臥悄對寒雨孤花，人猶此花，花猶此人也。「無蝶」啓人身猶孤花之想，「有人」則寫出詩人出位反思。能覷出有人臥於遙帷，則己身已與此人相望矣。與人相望者，即暮春寒雨中之牡丹也。此乃自身與近身外物，透過否定而形成的交融。自我遂寓於置身之小小庭園內矣。詩人藉「不知暖」否定此身所處情境的實在性，復藉「無蝶—有人」超脫詩人此身的黏滯，兩詞否定而自我逐步走出此孑然之身，而化入牡丹矣。

但是否定詞在此層次，眞正的目標在於使自我由可見的視覺形象，流入無形的音樂韻律裡。人生類比於時間的流轉，靜立於空間的形象永遠無法駐守人生歷程裡的每一瞬間，卻於音樂宛轉流行中使觀者浮想連翩，生命的意義則由影音介面遞轉而來。而否定詞的運用正足以藉反動之力，將我們的想像超離靜立空間之形象，悠然度入生命之旅。

詩人生命的自寓不能停駐於僵直的形象，但是又不能不透過一幅幅固定的形象以標定想像的流動。尤其單音獨體的中國文字，每一個字都彷彿意義的建築，概念的寓所。當詩句成形，想像託付媒介，意義可能拘執於既成的形象格局，遂無法傳譯生命流轉的精義。否定詞的作用彷彿指引迷津的精靈，

我們看見李義山以複構的建築群，限定了人際的感通，同時卻以否定詞的介入，突破死寂的建築複構。身雖「無」彩鳳雙飛之翼，但反逼出心「有」靈犀一點通。否定詞在視覺形象布局的建築藍圖之外(meta-)，接通了一條心靈之道，視覺想像在「無」的否定下失去焦點，卻延伸到視線不及的心靈世界中去。

透過否定詞，我們從視覺想像的世界出走。我們的生命隨著音韻流布，得到境界的超昇。所以隨著急鼓疏鐘，我們走出小小的庭園。義山詩中屢見之物，諸如燈燭鐘鼓是視覺想像所可寄託者，但詩人並未讓讀者的想像停駐凝結，反而經由否定詞的隔斷休滅，在時間的流程裡使形象由顯而隱，由存有而虛無。視覺形象的存沒成毀，是想像由造型進入音樂，由空間的黏滯而遁入時間的流動的契機。

第三節　情志通隔

影音介面形成之後，自我不復封限於有形可見的視覺形

象中，不可知的未來必須以時間的歷程爲脈絡。其所牽引的想像之流，因爲否定詞的標點作用而產生促人反思自身存在的功能。生存的極限是焦慮的基因，不可知的未來逼出了詩人珍惜當下之愛，以及跨越孑然此身的思慕。於是構成了義山無數豔情，相思，惜別之詩。

詩人以否定詞爲視野劃下虛擬的界線。視野的虛擬界線，正是想像開始馳騁的起點。矗立山水間的郡城，城與郊野組織著人生的涵意，郡縣遙想的帝都更網羅了詩人生涯的所有一切。外在的郡城郊野，爲詩人標定了想像的起點。曲江邊依依迴柳則轉換了凝望的觀點，詩人的流放在張蓋迴首之際展開。

逐臣浪跡天涯的空虛無聊同樣表達了脫離生命價值的網絡，以否定的方式劃下了生命應該超越的界線，功名不是生存價值的歸宿，身體形象的消亡是勘破功名的契機，然而義山以否定詞加諸負面評價之行爲上，反而顯示以自身潔身之好，不値他物之所爲，「朝菌不知晦朔，蟪蛄不知春秋。」（莊子·逍遙遊）這是生存視域的局限所致。生存視域的格局繫於人的認知與評價，義山亦不免時有所蔽。

義山將相思之癡情透過分合之間節奏的急促，以類比心理時間的迫促。短暫而且有限的時間藉外在光景的標示，形成詩人生存經歷的壓力。燈燭鐘鼓是視覺想像所可寄託者，但詩人並未讓讀者的想像停駐凝結，反而經由否定詞的隔斷休滅，在時間的流程裡使形象由顯而隱，由存有而虛無。視覺形象的存沒成毀，是想像由造型進入音樂，由空間的黏滯而遁入時間的流動的契機。

在歷來的寂寥與未來的消息之間，藉當下的存有與虛無對立，擬構一超度靜止畫面局限的生命的欲望。這強烈期求感通的欲望，藉著生存的局限否定感通的途徑，反襯其超度生存界限的熱切渴望。

但是如果缺乏「語未通」「斷無消息」等句中的否定詞，亟欲通語和渴盼消息的將無由表達。然而車走雷聲以至未能通語，以及一樹榴紅所提示的流光漸逝，皆無從由平面的構圖顯示。有時雖無否定詞，但是透過形象與涵意的矛盾，卻構成了對存在狀態的實質否定。彩鳳的寓意本在於其逍遙遊行，如今織入平鋪的羅面，點出生命不自由的情境。

以「無多」逼出「唯一」，指出生命情志絕無其他出路，唯有寄望蓬萊神使而已，此即否定詞之妙用也。然而蓬萊神使實在是對現世生命的否定，此又為否定詞之後實質的否定也。

分隔兩地的事實本身就是對相惜之情的否定，所以君問歸期，吾曰未有期。重會之期不定所醞釀的不安，使期盼重會之情在騷動不安中越演越烈。不確定的歸期使未來充滿了變數，不僅是對當下相會之事的否定，更是對於確定未來生命旅次歸宿的否定。

至於隱者，已是放逐人群之外的孤寂之人，訪隱者乃為突破孤絕，期求感通之旅。訪隱者不遇則重回孤寂的原點，是流放之後的流放也。義山以否定詞標示一個孤獨漂流的生命端點。無論是「衲衣筇杖來西林」之往訪行動，或是「帝城鐘曉憶西峰」的音響流動，最後都終止於院門深鎖的寧靜，以及隱沒於煙消燈晦的幽闇之中。流徙疏離的心棲止於時間的凝定與靜穆的張力之上。秋日與葉陰所構成的光影，使時間彷彿靜止在階前。童子推開門扉的瞬間，松枝上積滿顫然欲落的白雪，使時間的琴弦倏然張緊。

而輓歌因爲拉開生存的視域，上帝深居九天之上，九閽皆閉，神使巫咸亦不問人間不平，一連串的否定與封閉將生存的領域壓縮至更卑微之地。神話所拓展的生存界域，因爲封閉反而積累了更深廣的壓迫力道，使生存領域更顯逼仄。

靜峙深宵的花苞傳達了平面繪畫難描的寒冷感觸。以更廣更深的筆觸突破視覺形象所昭示的想像局限。綿長的夜足以使我們感受撩人的夜風，以靜止之姿否定花開，精確地使觀者觸及寒露。

即使從絕望的期待中醒覺，卻任性地自陷於暗夜孤衾的餘香裡。當黑暗否定視覺形象的可信，詩人反而得以專注於記憶深處癡情不毀的餘香。非視覺想像的音樂在此時響起，不覺而歌啓人想見一脈超乎清醒明察的癡情。

第四節　今古興亡

「白頭」是此身終結之徵，人生意義既然不能無謂，懷古思鄉正點出生之吟哦，遂將生命意義的懸想拋出此身當下的纏綿徘徊。「人生不得常無謂」，思考生命意義的剎那就是詩人生命駐足的地方，它由一個否定詞標出來，而懷古思鄉則由那生命駐足處，將人生的嚮往拋向俯瞰時間之流的通觀。

廢棄的宮殿多爲義山懷古詠史的起點，如〈隋宮〉即寄寓著義山對有隋一代盛衰興亡的反思。否定其存在於當下，乃作一時間的跳板，使我們昇進歷史的通觀。詩中的廢墟乃歷史通觀的無情見證。

懷古詠史之詩以歷史事件爲媒介，所要表述的是一種超越個人生命界限的人生。所以成功的詠史詩不僅是以歷史爲媒介，還能夠提示一種超越個體的生存境界。所以義山於詠史題材的取擇，實緊繫於他個人生涯的感遇，而非全面客觀地，以歷史的通觀評判史事。

然而由於歷史材料終究必須遷就古往今來，同住此山河大地衆生的所思所見，詩人終難自由馳騁其想像於此歷史蝕刻的大地。此爲歷史材料的優點，爲其缺點。敘事詩向來因共享的記憶而易於啓發豐富的想像，同時亦因那無法挽救的歷史而受到牽制。

義山覽古的心得歸結於「聖人無名」，結句「不爲名」之否定詞，根本超越了人間世的價値脈絡，同時超越了歷史的評價。否定詞所否定者不同，所達到的境界也自不同。

李義山「有才無命」的史觀，以諸葛武侯雖有管仲、樂毅之才，卻遭逢庸主，天命不佑，又無輔翼，縱有高才，仍然不免齎恨以沒。有才無命所否定者，實此身存亡之間所承載的榮辱。莊子有「至人無己，神人無功，聖人無名」三境界，義山雖通觀歷史，體悟「無所用天下爲」「聖人無名」，然終究未至於「至人無己」之逍遙遊。

第五節 無端涯之辭

在衆多詩意的聯想之外，我們追尋典故的遺跡，揣想詩人幽遠的心意，從生命的鄉愁破題，以莊子心與形對比的詮釋結構，摹寫每一個相思背後，人生境界的省思。種種的離別，只因執著人生既成的形象，而悲哀徬徨。詩人巧運傳說故事中，一幕一幕生命形象的變化，烘托出超度悲情的生機，隱隱融入大化流行的悠悠天地，返回不拘形骸變亂的生命本眞，指引我們在錦瑟清音之中的另一番了悟。

義山經常以「無端」「無謂」等否定說法爲人生破題。應可參照莊子對於語言名相的解析、使用。待名言窮盡則進一步超越名言。欲行超越，則必先通透既有之名相及語言系統。「道」作爲天地萬有生存之根基，豈是語言名相可以窮盡說明？然而「道」亦並非不可解釋，所以莊子以各種方式說「道」，而「有」與「無」都是詮表道的名相，一切的描述或詮表都是通往「道」的門徑。

大道固然不能執於名相、言詮，所以說「大道不稱」、「道昭而不道」；但是「道」是可以「昭」顯的，也就是說道是有啓示性格的。彼此的對立，是非的堅持、愛惡的執著皆屬「偏見」，所以莊子說：

> 是非之彰也，道之所以虧也。道之所以虧，愛之所以成。（齊物論）

一旦堅持是非照然、愛憎分明，道就有「虧」。這「虧」損當然不是常識世界裡計量的多寡盈虧，而是指道之不能全然如實開顯。故以無端破題，實深契於莊子逍遙之旨。

彼是莫得其偶，謂之道樞。

道通爲一。……凡物無成與毀，復通爲一。唯達者知通爲一，……因是已。已而不知其然，謂之道。（齊物論）

沒有彼此 、是非 、成毀……等對立，道本是渾然全整的，所以說「道通爲一」。泯除對立與差別是得道的關鍵：

至人之用心若鏡，不將不迎，應而不藏，故能勝物而不傷。（應帝王）

之德也，將旁礡萬物，以爲一世蘄乎亂，孰弊弊焉以天下爲事？（逍遙遊）

審乎無假，而不與物遷，命物之化，而守其宗。（德充符）

道的虛無透過「達道之士」的性格具體顯現，而「達道之士」又以「至人無己、神人無功、聖人無名」代表一個徹底的精神解放。關鍵當在「無己」、「無功」、「無名」的「無」字所蘊含的超越和解放。如何透過「無」的力量，使人從有功、有名、有己的桎梏中解放出來呢？〈應帝王〉這一段文字有明確的點化：

功蓋天下，而似不自己；化貸萬物，而民弗恃；有莫舉名，使物自喜；立乎不測，而遊於無有者也。

義山詩作可以說將萬物皆化爲己用，成爲詩人表意的媒介。但是義山詩中，多媒體複構的表現並未將我們的想像囚禁在富麗的視覺形象建築裡，反而成爲我們想像翺翔其間的凌虛寶殿，其關鍵即在於否定詞的運用。

當人從「有」執的世界中解放以後，便可「遊於無有」，這「無有」便是「道」的巧妙詮釋。遊於無有即立乎無端也。

無有並非一無所有，而是「虛」：

> 無爲名尸，無爲謀府，無爲事任，無爲知主。體盡無窮，而遊無朕。盡其所受乎天，而無見得，亦虛而已。
>
> （應帝王）

將一切的解放、超越歸結到「虛」的概念下，我們更容易掌握「道」的虛無性格，因爲「虛」既是道的形容：「唯道集虛」(人間世)；也是得道的工夫：「虛者，心齋也」（人間世）。

透過「虛」來瞭解「無」，進而以虛無來保證作爲價值理想的「道」，才能天長地久，綿綿若存。變形中流轉的逍遙自在，是集虛之道最佳的詮釋。《莊子》可以說是以否定永恆的故鄉，將我們從永恆的鄉愁裡解放出來。而〈錦瑟〉以無端破題，繼之以莊子「物化」之旨，結之以追憶之惘然，實爲生存意義的反思，以否定詞爲跳板，彈入莊子逍遙物化之境。並以否定「記憶」的意義，突破此身的頑執，解脫有身之大患也。「無端」「惘然」之否定超脫此身繁華嚴飾之偏執，生命度入無何有之鄉，逍遙廣漠之野，此即李商隱以否定詞所達到之最高詩作境界也。「無端」分明爲莊語，而「惘然」之瀟灑難通於禪悟「正覺」亦明矣。

所以充滿在李商隱詩篇中的天地萬物之多媒體複構，無論是單一的外物、身體、居室、庭園、街市、城池、郊野川原、江湖、日月、天地所組構的景，或是自省的情志、情愛友好的人倫之歌、詠史懷古、以及神仙道化的玄思，衆多媒介之間並非服從地心引力的線性序列堆砌，由於否定詞的介入，想像隨時以不確定的運動方向，串連不同層級的媒介，同時又凌駕諸媒體的想像建築，指向涵蘊不盡的形上世界，以超度現實生命的幽閉困窮。

參考書目

一、專書

《甲骨文字釋林》于省吾（北京：中華書局，1979）
《甲骨文編》中國科學院考古研究所（北京：中華書局，1989）
《甲骨文字集釋》李孝定（臺北：中央研究院，1965）
《說文通訓定聲》清・朱駿聲（臺北：藝文印書館，1975）
《經傳釋詞》清・王引之（臺北：華聯出版社，1975）
《古籍虛字廣義》王叔岷（臺北：華正書局，1990）
《漢語詞法句法五集》湯廷池(臺北：臺灣學生書局，1994)
《肯定和否定的對稱與不對稱》石毓智（臺北：臺灣學生書局，1992）

《十三經注疏》（臺北：藝文印書館）
《詩毛氏傳疏》清・陳奐疏（臺北：臺灣學生書局，1972）
《詩經釋義》屈萬里（臺北：華岡出版部，1974）
《詩經通釋》王靜芝（臺北：輔仁大學文學院，1978）
《詩經學論叢》江磯（臺北：崧高書社，1985）
《詩經評註讀本》裴普賢（臺北：三民書局，1991）
《高本漢詩經注釋》高本漢（董同龢譯）（臺北：國立編譯

館，1979）
《詩經研究》白川靜(杜正勝譯)(臺北：幼獅出版社，1973)
《論語正義》劉寶楠（臺北：中華書局）

《史記》漢・司馬遷（臺北：鼎文書局，1979）
《三國志》晉・陳壽（臺北：鼎文書局，1979）
《晉書》唐・房玄齡等（臺北：鼎文書局，1992）
《舊唐書》後晉・劉昫等（臺北：鼎文書局，1976）
《新唐書》宋・歐陽修、宋祁等（臺北：鼎文書局，1976）
《中國青銅時代》張光直（臺北：聯經出版公司，1984）
《中國青銅時代》(第二集)張光直（臺北：聯經出版公司，1990）
《中國上古史研究講義》顧頡剛(臺北：文史哲聯經出版社，1989）
《史林雜識》　顧頡剛（臺北）
《顧頡剛讀書筆記》顧頡剛（臺北：聯經出版公司，1990)
《中國政治思想史》蕭公權（臺北：聯經出版公司，1983)
《中國知識階層史論》余英時(臺北：聯經出版公司，1980)
《古代社會與國家》杜正勝(臺北：允晨文化實業公司，1992)
《周代城邦》杜正勝（臺北：聯經出版公司，1979）
《中國上古史論文選集》杜正勝(臺北：華世出版社，1979)
《編戶齊民—傳統政治社會結構的形成》杜正勝（臺北：聯經出版公司，1990）
《黃土與中國農業的起源》何柄棣(香港：中文大學，1969)

《中國經濟制度史論》趙岡、陳鐘毅(臺北：聯經出版公司，1984）
《中國城市發展史論》趙岡（臺北：聯經出版公司，1995)
《墓葬與生死》蒲慕州（臺北：聯經出版公司，1993）

《老子》河上公注（臺北：廣文書局）
《南華經解》清・宣穎（臺北：藝文印書館，無求備齋莊子集成續編三十二）
《南華眞經正義》清・陳壽昌（臺北：藝文印書館，無求備齋莊子集成續編三十七）
《莊子集釋》清・郭慶藩(臺北：漢京文化出版公司，1983)
《中國哲學史新編》馮友蘭（北京：人民出版社，1980）
《三松堂學術文集》馮友蘭(北京：北京大學出版社，1984)
《生生之德》方東美（臺北：黎明文化事業公司，1979）
《原始儒家與道家》方東美(臺北:黎明文化事業公司，1983)
《中國哲學原論一原道篇》唐君毅(臺北：學生書局，1976)
《中國人性論史》徐復觀（臺北：臺灣商務印書館，1977）
《才性與玄理》牟宗三（香港：人生出版社，1963）
《中國哲學十九講》牟宗三（臺北：臺灣學生書局，1983）
《儒道天論發微》傅佩榮（臺北：臺灣學生書局，1988）
《中國古典哲學概念範疇要論》張岱年（北京：中國社會科學出版社，1989）

《文苑英華》宋・李昉等編（臺北：大化書局，1985）

《唐人絕句萬首》宋·洪邁編（臺北：鼎文書局，1978）
《唐詩品彙》明·高秉編（上海：古籍出版社，1993）
《全唐詩》清·聖祖御定（臺北：文史哲出版社，1977）
《全唐詩錄》清·徐倬編（上海：古籍出版社，1993）
《方東樹評今體詩鈔》清·姚鼐選，方東樹評（臺北：聯經出版公司，1975）
《十八家詩鈔》清·曾國藩編（臺北：臺灣商務印書館，1996）
《唐宋詩舉要》高步瀛選注(臺北:漢京文化出版公司，1992)
《玉谿生年譜會箋》清·張采田(上海：古籍出版社，1963)
《樊南文集》唐·李商隱著，清·馮浩詳注，錢振倫、錢振常箋注（上海：古籍出版社，1988）
《玉谿生詩集箋注》清·馮浩注（臺北：里仁書局，1981）
《李義山詩集注》清·朱鶴齡注（臺北：世界書局，1987）
《選玉谿生詩補說》清·姜炳璋選釋，郝世峰輯（天津：南開大學出版社，1985）
《李商隱詩集疏注》葉蔥奇注（臺北：里仁書局，1987）
《李商隱詩歌集解》劉學鍇、余恕誠集注（臺北：洪葉文化事業公司，1992）
《李商隱詩選》陳永正選注（臺北：源流出版社，1988）
《李義山詩偶評》黃侃（臺北：學海出版社，1974）
《玉溪詩謎正續合編》蘇雪林（臺北：臺灣商務印書館，1988）
《李義山詩析論》張淑香（臺北：藝文印書館，1974）

《李商隱評傳》楊柳編著（臺北：木鐸出版社，1985）
《李商隱研究》吳調公（臺北：里仁書局，1988）
《李商隱詩箋釋方法論》顏崑陽（臺北：臺灣學生書局，1991）
《李義山詩研究》黃盛雄（臺北：文史哲出版社，1987）
《李義山詩研究論文集》國立中山大學中文學會主編（天工書局，1984）
《李商隱豔情詩之謎》白冠雲（臺北：明文書局，1991）
《王右丞集注》唐．王維著，清．趙殿成箋注（臺北：中華書局，1985）
《韋蘇州集》唐．韋應物（臺北：中華書局，1985）
《杜詩詳注》清．仇兆鰲注（臺北：里仁書局，1980）
《杜詩鏡詮》清．楊倫編注（臺北：華正書局，1976）
《讀杜心解》清．浦起龍（臺北：里仁書局，1979）
《杜甫夔州詩析論》方瑜(臺北：幼獅文化事業公司，1985)
《樊川詩集注》唐．杜牧著、清．馮浩集注（臺北：漢京文化出版公司，1983）
《唐詩紀事校箋》宋．計有功撰，王仲鏞校箋（成都：巴蜀書社，1989）
《唐才子傳校正》元．辛文房撰，周本淳校正（臺北：文津出版社，1988）
《登科記考》清．徐松撰，羅繼祖補遺(京都：中文出版社，1982）
《牛李黨爭與唐代文學》傅錫仁(臺北：東大圖書出版公司，

1984）
《苕溪漁隱叢話》宋·胡仔（臺北：中華書局，1971）
《唐音癸籤》明·胡震亨（臺北：木鐸出版社，1982）
《石遺室詩話》清·陳衍（臺北：臺灣商務印書館，1976）
《歷代詩話》清·何文煥輯(臺北：漢京文化出版公司，1983)
《歷代詩話續編》丁福保輯（臺北：木鐸出版社，1988）
《清詩話》丁福保輯（臺北：木鐸出版社，1988）
《清詩話續編》郭紹虞輯（臺北：木鐸出版社，1983）
《唐詩研究》胡雲翼（臺北：臺灣商務印書館，1987）
《唐詩概論》蘇雪林（臺北：臺灣商務印書館，1988）
《唐代詩學》不著撰者（臺北：正中書局，1973）
《唐詩通論》劉開揚（臺北：木鐸出版社，1983）
《唐詩論文選集》呂正惠編（臺北：大安出版社，1985）
《中國詩史》吉川幸次郎著劉向仁譯(臺北：明文書局，1983)
《古詩考索》程千帆（上海：古籍出版社，1984）
《中國詩歌藝術研究》袁行霈（臺北：五南圖書出版公司，1989）
《中國詩歌原理》松浦友久著，高孫昌武、鄭天剛譯(臺北：洪葉文化事業公司，1992）
《唐詩論學叢稿》傅璇琮（哈爾濱 ： 黑龍江人民出版社，1990）
《唐七律藝術史》趙謙（臺北：文津出版社，1992）
《唐詩體派論》許總（臺北：文津出版社，1994）
《迦陵談詩》葉嘉瑩（臺北：三民書局，1970）

《迦陵談詩二集》葉嘉瑩（臺北：三民書局，1985）
《唐集敘錄》萬曼（北京：中華書局，1982）
《神話與詩》聞一多（臺北：里仁書局，1994）
《中國神話史》袁珂（臺北：時報文化出版公司，1991）
《文心雕龍注釋》梁劉勰著，周振甫注（臺北：里仁書局，1984）
《藝概》清·劉熙載（臺北：漢京文化出版公司，1985）
《中國文學論集》徐復觀（臺北：臺灣學生書局，1976）
《中國藝術精神》徐復觀（臺北：臺灣學生書局，1976）
《傳統文學論衡》王夢鷗(臺北：時報文化出版公司，1987)
《中國文學理論與實踐》王夢鷗(臺北：時報文化出版公司，1995）
《修辭學》黃慶萱（臺北：三民書局，1990）
《中國修辭學史》周振甫(臺北：洪葉文化事業公司，1995)

CHang, Kwang-Chin, The Archaeology of Ancient
China (New Haven & London: Yale University Press. 1977)
Creel. H. G., Confucious and the Chinese Way (N.Y.: Harper & Brothers,1960)
Eco,Umberto, A Theory of Semiotics, （Indiana Univ. Press. 1976）
Fang, Thome H. Chinese Philosophy:Its Spirit and Its Development (Taipei: Linking Publishing Co.Ltd.,

1981)

Hegel,G.W.F. Werke Bd.13-15.（Suhrkamp Verlag Frankfurt am Main 1986.）

Nietzsche,Friedrich Samtliche Werke Bd.1.(Berlin/New York：Walter de Gruyter，1980)

Susanne K. Langer, Feeling and Form-A Theory of Art, Developed from Philosophy in a New Key(New York: Charles Scribner's Sons, 1953)

二、論文、期刊

〈李商隱詩之淵源及其發展〉勞榦（收錄於《中國文學史論文選集三》羅聯添 編 學生書局）

〈說李商隱〉夏敬觀（收錄於《中國文學史論文選集三》羅聯添編，學生書局）

〈新聲清綺晚唐詩一談李商隱、杜牧、溫庭筠〉汪中（收錄於孔孟月刊第十九卷第十期民70年7月）

〈六祖慧能的禪學與中華文化〉羅宗濤（中華文化復興月刊十二卷九期）

〈李義山詩中的蓮〉羅宗濤（東方雜誌復刊十六卷六期民71年12月）

〈李商隱詩中的百花世界〉羅宗濤（收錄於《人文社會學術論文集》台灣商務印書館民72年4月）

〈四傑三李之夢〉羅宗濤（收錄於《第二屆國際唐代學術會議論文集》文津出版社 民82年6月）